策划万绿园

一位银行高管营销策划札记

王辉俊　著

中国金融出版社

责任编辑：童祎薇
责任校对：潘　洁
责任印制：程　颖

图书在版编目（CIP）数据

策划万绿园：一位银行高管营销策划札记（Cehua Wanlüyuan：
Yiwei Yinhang Gaoguan Yingxiao Cehua Zhaji）／王辉俊著 . —北京：
中国金融出版社，2014.1
　ISBN 978 – 7 – 5049 – 7190 – 6

　Ⅰ.①策…　Ⅱ.①王…　Ⅲ.①商业银行—市场营销学
Ⅳ.①F830.33

中国版本图书馆 CIP 数据核字（2013）第 254791 号

出版
发行　**中国金融出版社**

社址　北京市丰台区益泽路 2 号
市场开发部　（010）63266347，63805472，63439533（传真）
网上书店　http://www.chinafph.com
　　　　　　（010）63286832，63365686（传真）
读者服务部　（010）66070833，62568380
邮编　100071
经销　新华书店
印刷　北京市松源印刷有限公司
尺寸　160 毫米×230 毫米
印张　13.75
字数　160 千
版次　2014 年 1 月第 1 版
印次　2014 年 1 月第 1 次印刷
定价　36.00 元
ISBN 978 – 7 – 5049 – 7190 – 6/F. 6750
如出现印装错误本社负责调换　联系电话（010）63263947

序

读罢王辉俊先生的新作《策划万绿园——一位银行高管营销策划札记》一书，感慨良多。掩卷长思，这些经典的营销策划案例仍历历在目，对今天如何更有效地做好银行品牌形象和业务产品的宣传策划依然有很多有益的启示。这本书不仅是王辉俊先生 35 年心血和银行从业经验的结晶，也是工商银行海南省分行从"坐商"到"行商"转变的一个见证。

35 年，在浩瀚的历史长河中，也许只是弹指一挥间。而在一个人的职业生涯中，却是漫长而弥足珍贵的。王辉俊先生 35 年的时光都是在银行度过的，他曾担任过省分行办公室主任、一级支行行长、海南城市金融学会秘书长，同时还是国家新闻出版署备案新闻记者、中国金融作家协会会员。这些宝贵的从业经验既赋予了他深厚的营销策划理论基础，又赋予了他丰富的实战经验。35 载流金岁月锤炼的丰富经验，35 载荏苒光阴经历的诸多良思，在这本书中得到了充分的体现。这本书既有对营销策划的理论阐述与感悟，又有对经典案例的展示与分析，既有在传统纸质媒体上的营销策划，又有在新兴网络媒体上的营销策划，可谓是精彩纷呈的视觉盛宴，如"带着银行上大学"、"工行每年多给您 110 多天的机会与方便"等营销策划在当时都取得了良好的社会反响。

　　王辉俊先生从事银行工作的 35 年，正逢工商银行海南省分行大变革、大发展的时代。特别是工商银行海南省分行完成股份制改造后，需要完成从"坐商"到"行商"的转变，催生并激发银行从业人员在如何做好营销策划上下功夫，以"人无我有，人有我新"的好点子、新创意不断提升本行的品牌影响力，这无形中为营销策划搭建了一个宽广的舞台。随着银行产品的日益丰富以及同业竞争的日趋激烈，如何让本行的业务和产品更具竞争力，让本行的品牌效应最大化，又为营销策划提供了一个更深广的空间。王辉俊先生正是在银行业营销策划蓬勃发展的大背景下，积累了宝贵的实战经验，其作品也更具现实性、操作性和指导性。

　　诚然，本书与市场上营销策划类的专业书籍相比，无论是理论的深度，还是案例的广度，都有待提高。但它是一位银行高管的实践总结与感悟，是一部凝聚了智慧与心血的作品，值得每一个银行从业人员认真拜读，特别是为青年银行从业者提供了一个了解营销策划、做好营销策划的窗口，同时通过这个窗口不断创造新的实践经验来丰富银行营销策划的知识宝库。

中国工商银行股份有限公司海南省分行　　石琪贤

党委书记、行长

2013 年 9 月 25 日

目 录
CONTENTS

灵感风暴

Inspiration Storm

第一辑

优质服务乃商业银行生存之道①

——参加新加坡培训之启示

在新加坡这个国土面积仅 600 平方公里、人口 400 万人的国家，汇集了世界各地 200 多家银行，其相互竞争的激烈程度可想而知。而其赖以生存的一个重要因素，就是各家银行极尽所能为客户提供快捷、方便、经济、完善的优质服务，以此赢得客户、拓展业务、占领市场，其中一些金融管理政策和经验值得我国金融决策机关与商业银行借鉴。

一、经营理念与自觉行动

不管是请新加坡银行界的人士授课，还是到新加坡银行进行实地考察，都能让我们亲身感受到新加坡银行业界员工的敬业精神。无论是管理层的经理，还是临柜的员工，都能把决策高层优质服务的经营理念化作自身的自觉行动。他们不是以过多的会议或口号去要求员工搞好微笑服务，而是以具体的事例来引导与规范员工的行动。其中引述的一个事例给我们留下深刻印象。

日本有一家大公司，欲在新加坡买下一块土地搞物业。然而在一个倔强的老太婆面前卡了壳，老太婆的一块小房产置身其中，因念旧而不

---

① 这是笔者 2000 年 9 月参加总行在新加坡举办的"商业银行业务管理培训团"的结业作业。笔者根据授课内容、新加坡银行的实地考察，结合国内银行的实际，汇报自己的学习体会与提出建议。

本文作于 2000 年 10 月。

愿搬迁。于是，该公司差遣一级一级的经理来做说客，老太婆就是不答应，就连派出副总裁一干人等亲自上门，许与优厚的回报条件，老太婆仍不松口，致其无功而返。后来老太婆想，不能长期被这家公司三番五次骚扰下去，她要主动出击，上门找这家公司总裁说理，请其不要再打扰她老人家的平静生活。这是一个寒冬的早上，老太婆冒着大雪，满身泥泞地踏进该公司豪华办公楼的红地毯。当时还没到上班时间，公司只有一名普通的秘书小姐在门口值班。秘书小姐看到老人家这风尘仆仆的样子，没有丝毫嫌弃的表情，而是热情大方地让座倒茶，像对待自家老人一样体贴入微地为老太婆擦去身上的泥泞。老太婆坐在接待室里想，看来这家公司确实像他们所说的一样，连一个普通员工都这么敬业，这

中国驻新加坡大使馆文化参赞给作者颁发境外培训结业证书

么热情周到地为客户服务，说明这家公司的总裁经营有方，言而有信，值得信赖，于是，当老太婆最后踏进总裁办公室的时候，她的态度来了个 180 度的转变，表示同意出让那块小房产。一个副总裁＋多个部门经理＋优厚的回报条件，都比不上一个平平常常的员工热情周到的服务表现，说明了把优质服务的经营理念化作员工的自觉行动的重要作用。

银行在实际工作中，常常碰到这样一种尴尬的局面：一层一层的领导都开会或发文强调优质服务的重要，银行的广告业务宣传也张扬服务态度的优良、服务品种的多样、服务手段的先进，但一到个别临柜员工那里就打了折扣，引发客户的投诉，使我们花费不少的精力去消弭这种副作用，这不得不引起我们深思。

新加坡的金融服务行业能以这样的事例引导其员工自觉做好服务工作，对银行多年强调文明服务而收效不尽如人意有如下几点启示：一是把一般的会议号召和文件要求转变为职业道德的本能与服务行为的规范，使之制度化、规范化；二是把强调领导的模范带头作用转变为看重员工自觉的、主动的实际行动，以此增强员工的归属感与荣誉感；三是广泛收集基层员工这种自觉做好服务工作的事例，激发员工的积极性与创造性，使优质服务的工作更具广泛性和群众基础，增强员工与银行之间的亲和力，只有这样，才能把优质服务的经营理念化作员工的自觉行为。

二、业务创新与经营效益

以客户为中心开发金融新产品，以效益为中心追求金融新产品的适应性，是新加坡众多商业银行搞好优质服务、提高竞争力的决策出发点。

我们到新加坡的大华银行、华联银行、发展银行等多家银行的营业网点考察发现，门前搭起小房子模型或摆放实物汽车用于住房贷款、购车贷款宣传，也有银行从业人员在一幅银行卡宣传画前当街推销银行卡业务，柜台内的宣传橱架上摆放着各种各样的业务宣传折页，银行卡业务、代客理财业务、外汇买卖业务、保险业务等应有尽有，甚至类似我们开办的教育储蓄业务也一应俱全，说明金融产品的创新与推广，是优质服务的重要内容。而新加坡的金融管理当局也按照商业银行的经营规律，采取各种鼓励政策。对比之下，我们的金融管理机关与商业银行存在如下差距：

第一，我国商业银行的经营尚没有达到有序的理性竞争，许多中间业务、表外业务其实不成为一项金融产品而成为一种竞争手段，如各种代收业务、外汇开证业务，为了同对手竞争而降低收费、不收费，甚至不计血本，倒贴汇费等费用。其结果，一是造成银行的歉收，即银行除了传统的利差收入（这种利差的比率越来越低，甚至出现倒挂）外，其他收入不足 2%，一些经济不发达地区甚至不足 1%，而西方国家商业银行这方面的收入达 50%～60%，甚至达 70% 以上，新加坡的银行也达 30%～40%。如我国商业银行的比率也达到新加坡的水平，将增加至少上千亿元的收入。从这个意义上来说，这也是一种国有资产的流失。二是影响了金融产品的创新环境。中间业务的产品没有获得应有的效益，也就削弱了创新这些品种的原动力。

第二，创新金融新品种的政策不配套，抵消了这些品种的规模效应。以助学贷款为例，国家先后出台了两次鼓励办法，期冀以此拉动教育产业与消费，可以说，这个新产品有广阔的市场空间，有规模效应的前瞻性。然而，这两次的办法过度放宽了贷款条件，甚至取消了贷款担保，却没有配套的商业银行如何规避贷款风险的有关条例，致使商业银行心有余悸，结果有些银行只是象征性地发放几笔助学贷款造势，根本无意拓展这项业务。而新加坡的养老公积金的管理办法，配以一系列的相关政策，同时也辅助一些金融新品种的发展，值得我们借鉴。

第三，金融品种的创新，要考虑市场空间与客户群的需求，讲求经营效益。新加坡银行的产品创新，一切围绕效益而拓展。当效益指标降至临界点的时候，就开始考虑整合出售或以新的更优惠的产品来取代。而我们的差距是：金融产品十年、几十年一贯制，应变能力差，如住房贷款、汽车贷款手续烦琐，教育储蓄门槛过高。海南一家银行开办教育储蓄业务 1 年多，开户仅 501 人，以 1998 年 107 万所小学在校生 66% 适应范围（70.6 万人）计算，占比远远不足 1%，反映了这个品种的期限、范围等市场适应性不高，而银行花费的成本没有得到相应的回报。

第四，随着我国加入 WTO 的临近，国外银行将参与国内金融业的竞争，银行将不得不逐步走向混业经营之路，如果我们仍然裹足不前，不在制度、产品、服务等方面有所提高，一个只有小米加步枪的老兵，是难以抵挡用十八般兵器武装的多国部队的进攻的。

因此说，没有为客户提供优良金融服务品种的银行，不是一个优质品位的银行。

三、大行风范与服务手段

前不久，某股份制商业银行的行长在电子商务大会上说，现在的银行业，不再是大鱼吃小鱼，而是快鱼吃慢鱼。这不啻给几家国有大商业银行一记警钟。这次我们在新加坡培训，听了电子银行发展趋势与操作实务的课程，深刻地感觉到竞争形势的严峻，尤其是加入 WTO 在即，这种挑战更具紧迫性。

近几年，银行集中力量开发了资金结算汇划系统、9991 工程，改变过去各省分行（有时甚至是各地区二级分行）各自为战的力量分散的策略，开始发挥国有银行的大行优势与整体功能，特别是资金结算汇划系统，为银行拓展企业银行业务和金融同业业务打下了坚实的基础。因此，只要国有银行这条大鱼能够强身健体，扬长避短，就不怕任何能飞会跳的小鱼小虾的奇袭。

第一，发挥国有银行人力、资金、技术资源的优势，集中力量，不断创新服务手段，像新加坡商业银行的经营理念那样，别人没有的，我要有；别人有的，我比别人的要好、要快、要新、要全。总行可以根据各分行的特长，统一协调，分工负责，开发出一系列先进的服务手段，应对不同对手的竞争。

第二，根据不同的竞争对手，化被动为主动，集中人力、财力、物力，有的放矢地给予反击，那么，生存的法则就不但有快鱼吃慢鱼这一条，而且还有强鱼吞快鱼的结果。如果国有银行倾其所能对付一两家小银行的挑战，任何一家小银行都会吃不消的。

第三，不断优化国有银行的大行大所战略，收紧战线，使银行的每一个网点都成为竞争中坚强的战斗堡垒，品种多样，功能齐全，手段先进，能够经受任何风浪的冲击。

第四，加强研究手机银行、网上银行等最新经营手段的发展趋势，抢占高新技术的制高点，同时培养与储备高尖技术人才，随时应对不断变化的竞争形势，以使国有银行长久立于不败之地。

银行营销宣传新思路①

近几年，工商银行海南省分行办公室结合本行的经营特点，在开展业务宣传营销工作中，转变观念，调整思路，求真务实，勇于创新，整体联动，抓出实效，努力摸索现代商业银行办公室开展业务宣传营销工作的新思路、新机制、新格局。

一、转变观念，把准业务宣传营销工作的立足点

海南省分行一直实行垂直管理到各市县分支行、直属分理处的二级经营、核算的扁平化管理模式，省分行既履行一级分行的管理职能，又带有直面客户直接营销的二级分行的经营特点。同时，由于20世纪90年代初海南房地产泡沫经济的破裂，本地的经济环境一直在低谷中徘徊，海南的优质客户资源有限，往往是一家银行的主要信贷资产集中投入有限的几家经营效益较好的企业，或者是某家经营效益、成长性相对较好的企业，集中了全省各家银行巨额的信贷资产，既给银行经营造成潜在的巨大的风险，又给银行业务宣传营销带来了激烈的竞争，业务宣传营销策略对路与否，将直接影响到全行的业务发展和经营效益。

针对我行的经营特点，近几年来，在省分行领导的关心支持下，我们首先从转变观念入手，即按照现代商业银行业务宣传营销理念，及时

---

① 本文作于2002年2月，笔者时任省分行办公室主任。这是一篇对几年来全省工行系统宣传营销的专题报告，曾在总行专题会议上交流，主要着墨于银行营销宣传思路与措施上的创新，或许对在一个区域做好银行宣传营销工作有些许启示。

调整过去重声势轻结果、重形象轻营销的工作思路。在决策上，把业务宣传营销为主、企业形象宣传为辅作为海南省分行宣传营销工作的立足点。在工作重心上，把过去单纯注重造声势求轰动的会议、路演宣传，移位到针对综合贡献度大的定向客户的个性化、柜面宣传营销。在机制上，由过去的办公室和各业务部门分散的、单一的宣传营销转变到建立由办公室负责协调、各业务部门共同整合，行内行外相互联动的大格局。在手段上，坚持趋利避害的原则，有所为有所不为，改变以往那种"雨未下，雷先响"，把我行的商业秘密拱手奉送给竞争对手的做法。

把准了立足点，我行业务宣传营销工作就有了统一的指导思想和明确的工作方向，逐步形成全行业务宣传营销的一盘棋。2000 年下半年，我行借助综合业务系统的手段上的优势和 95588 电话银行的平台，在全省率先推出了"存折炒股"银证通业务新品种，先后得到了君安、华夏、光大、海通等多家券商的合作，受到股民和我行客户的青睐。我们意识到，我行要抓住市场先入的契机，多渠道、多形式、多方法把其打造成我行的业务品牌，唯有这样才能赢得竞争、拓展业务。于是，对内，我们加强了会计部、个人金融部、电子银行部、技术保障部、电话银行中心、团委、办公室的协调配合；对外，加强同合作的券商和各家媒体的联动，采用了 10 多种渠道或形式，对"存折炒股"业务形成了立体式、滚动式、集束式、追踪式的宣传营销，如举办了 3 次银证合作开通仪式活动，请各家媒体进行集束式的宣传报道，开展了 10 多次路演活动，印发了 10 多万份宣传资料，制作大型广告牌、街道横幅、网点招贴画、邮政编码牌、图文电视等，并从开办到每增长 1 亿元业务量都进行追踪式报道，至今这种专题性的追踪报道共计 100 多篇次，让当地的群众家喻户晓，把"存折炒股"同工行的业务品牌等同视之，促进了该项业务的发展。这项业务开办仅1年半的时间，客户就发展到4500多户，成交业务量接近12亿元，增加我行中间业务收入40万元，吸收储蓄存款1亿元，既营销了我行的业务品牌，又树立了我行良好的形象。为此，省分行对我们办公室此项业务宣传营销给予较高的评价和专项营销奖励。

在宣传营销中，我们还要注意把握策略。如海南的优质客户资源有限，而适合营销网上银行业务的优质集团客户更是屈指可数。因此，为了抢占市场先机，保护我行的商业秘密和利益，我们则采取只做不说，或先做后说的策略，由办公室控制不对外宣传报道，具体情况只在工行内部网讯上发布。电子银行部则组成营销小组到各个集团客户开展工作。目前，我行网上银行业务已发展了19个集团客户，网上成交额达20多亿元，而省内其他各家国有商业银行还没有动作。

二、勇于创新，建立业务宣传营销新格局

近几年来，我们在开展业务宣传营销活动中，尝试过在方式、手段上的创新。但我们体会到，机制上的创新才是最根本的创新。因此，为了建立一个上下整合、内外联动的业务宣传营销的新思路、大格局，调动行内外的积极因素，推动宣传营销的开展，我们自2000年开始，创立了业务宣传营销"五个一工程"，即每年评选一名行内最有价值的通讯报道员、一项最有成效的宣传营销活动、一件最有创意的广告策划、一篇反响最大的报道稿件和一位工行宣传报道之友（编辑、记者），而每一个单项当中，又有若干个候选名单，使宣传营销在增量的基础上不断提高

质量，取得了如下几项收获。一是促进了业务宣传报道工作的发展，据统计，1999 年、2000 年、2001 年三年间全年被各级媒体采用的稿件分别为 250、360、663 篇次，呈逐年快速增长的良好势头。二是提高了业务宣传营销的"含金量"，上大稿、上大报（刊、台）、上重要版面的稿件不断增多。三是培养了一批宣传营销的骨干和队伍，其中年发稿量上百篇次的骨干通讯员就有 4 人，全系统在媒体上发稿的通讯员共计 50 余人。四是集结了行外共 10 名名牌编辑、记者，主动为我行选取主题、写报道，其中新华社海南分社社长邓全施，撰写我行业务发展、形象变化的内参文章，刊登在总社的《大内参》上，被我行推选为第一届的"最佳工行宣传营销之友"。这批名牌编辑、记者写的我行报道发稿快、分量重、影响大。五是带动了内部各专业职能部门的协作整合。在我行举办的几次大型路演活动中，行领导亲自参与，大家积极出主意、想办法，千方百计增强我行业务营销的效果。如在总行统一布置的 95588 电话银行的路演宣传活动中，我们采取了趣味知识有奖问答的方式，吸引了大批的群众，在省会海口市最繁华热闹的明珠广场的 12 家宣传摊位上，我行的人气最旺、效果最好。六是营造了我行业务品牌的效应，如"存折炒股"银证通的品牌效应。

我们还通过银报合作的方式，不断摸索一条节俭高效、利益趋同的银报双赢的新路子。我行的具体做法是，我行集中订阅了 300 份《海南特区报》，由报社直接投递到省分行各部门和全省 162 个基层网点，而该报每两周在日常版面上为我行的业务宣传刊出一个专版。一年多来，该报为配合我行各个时期业务营销的重点，共开辟了 30 多个专版，集束式地宣传报道我行各项业务的开展情况，向其读者营销了我行"存折炒股"、电话银行、网上银行、银行卡、住房信贷、汇款直通车等业务品牌，其中仅发表的"存折炒股"的报道稿件就达 60 多篇，同时，我行还把该报当做培养通讯员队伍的园地。目前已有 13 个行处的 54 名通讯员在该报上发表了稿件。该报还成了我行誉美质高价廉的业务营销传单。我们做过估算，以该报一个版面的业务营销信息量为单位计算，每一份宣传单从印制到寄发最后到营销对象的手里，至少需要 0.35 元，而我们采用这种银行写作的方式到每一个读者手里，仅花费 0.055 元，节省成本费用 84%。而该报又是国内公开发行的刊物，也比我行自身的营销传单的可信度更高。几年来，我们还通过各种银报合作的方式，先后同《海南日报》等报社以及海南电视台合作，建立了银报协调沟通的渠道，达到银报双赢的效果。

三、讲求效益，探索多、快、好、省抓好业务宣传营销的新路子

其一，我行实行了业务宣传营销项目责任制。即对每一项业务的宣传营销，都要明确牵头与协助部门和责任人，先对营销项目进行可行性评估，包括营销的预期目标、具体步骤、资金需求，在营销实施当中进行项目追踪，最后对营销的结果进行检查、总结和反馈，既落实了宣传营销的责任制，又不断探索宣传营销的经验教训，逐步提高宣传营销的质量和效益。如今年初，我们通过报刊、电视台、网点宣传等，推出我行汇款直通车的业务品牌，受到客户的青睐，也引起了一定的反响。于是，我们通过 95588 电话银行对该项业务品牌的咨询频率的情况反馈，搜集整理了 13 条客户最关心和想了解的问题，再请专业部门作出答案，在报纸上刊发稿件和广告，同时印发给所有基层营业网点，要求柜员做好

柜台宣传解释工作，收到了较好的效果。据统计，该项业务品牌推出仅68天的时间，全省系统共受理该项业务5.6笔，累计1.08亿元，增加手续费收入17万元。又如2000年，有一家公交车广告公司同我们办公室联系车辆广告业务，我们对其客流量和乘客的注视率进行实地调查，作出考评报告，认为这种媒体不适合作为我行业务宣传营销的合作对象，避免了不必要的宣传营销人力、财力、物力的低效或浪费。

其二，采用模拟计价法，对我行通讯员在媒体上发表的宣传营销稿件的贡献度作出量化的评估，以此来增强宣传营销人员的责任感、荣誉感和事业心。比如，以《海南日报》报眼广告价2.5万元计算，一位通讯员在相同的位置发表一篇有助于我行业务宣传营销的稿件，仅评估其经济贡献度，就相当为工行创造或节省了2.5万元的经济效益或成本，尚不计算其给工行树立良好形象而产生的更高价值的无形资产，以此类推。我们体会到，采用模拟计价法，一是能够调动行内通讯员的积极性，让其体会到业务宣传营销的价值所在，激发大家的主观能动性；二是能够量化通讯员对我行业务宣传营销的贡献度，既为员工的工作业绩提供了可衡量的标准，又为我行推行业务宣传营销责任制、实行"五个一工程"提供了评选考核的依据；三是能够鼓励通讯员提高自身素质，发挥聪明才智，上大报，上大稿，提高宣传营销的质量和效益。

其三，加强宣传营销费用的统一管理。从今年开始，省分行颁文规定，全行的宣传营销费用由办公室统一管理，计财部门审核使用。特别是像海南省分行这样一个资产负债规模小、宣传营销费用资源有限的单位更显必要，并已初见成效。现在，省分行可以集中有限的营销费用，对每一项业务营销都进行量本利和投入产出的分析，有利于各业务部门整合，集中营销，达到少花钱、多办事的效果。今年，省分行办公室通过规范化的招标方式，仅花费 14 万元，共印制了个人网上银行、95588 电话银行、汇款直通车、本外币定期一本通、省活期一本通、个人综合消费信贷、外汇业务指南、个人住房贷款和公司客户信贷指南 9 种 23.5 万份的宣传折页，既填补了一些主要业务营销资料的空缺，又达到质高价廉的要求，得到了业务部门的肯定，受到了客户的欢迎。

收藏宣传折页益处多[①]

收藏世界，光怪陆离，投其所好，各得其乐。但我觉得，收藏各类宣传折页，更能增知长智，利人利己，高雅节俭，题材广泛，益处多多，其乐融融。

益处一，利于工作。省分行办公室，是负责全省系统业务营销宣传折页的策划、设计、印制的主管部门，把业务宣传折页印制得有品位、有特色、有感染力，对银行的形象、产品的营销关联很大。常言道，见多识广。通过收藏折页，可以博采众长，取长补短。目前，笔者已经收集到美国、澳大利亚、新加坡以及我国香港、澳门等国家和地区多家银行和国内部分省市人民银行、国有商业银行、股份制商业银行及一些地方商业银行各种各样的宣传折页。有的设计豪华，意在争取高端客户；有的形成系列，意表其功能齐全；有的印制别致，显得别出心裁；有的还带有奖品条件，刺激购买欲望……其中精心的策划、巧妙的构思、新颖的设计，都可以"拿来主义"为我所用。此外，还可以从各家银行的宣传折页中，及时了解与掌握同业推出的金融品牌的动态，做到知己知彼，从容应对。

益处二，增知长智。银行、保险、证券的宣传折页，让人增长投资理财的知识；医药保健品的宣传折页，可以当防病健身的顾问；风景名胜的宣传折页，可以一览世界大好河山；各类商品的宣传折页，除了能够了解

---

① 干一行爱一行，把收藏兴趣爱好与本职工作融合起来，必会收到相辅相成的益处。
本文作于 2003 年 8 月。

最新商品的知识外，还可以货比三家……总之，只要收藏的宣传折页达到一定的数量，不啻自编一部"百科全书"。说句实话，我还因此规避了一次违法违规的风险：原想把人民银行分配的纪念币装帧我行的企业形象标识后，作为我行的营销宣传品赠送给客户，后来查阅了收藏的人民银行印制的《中华人民共和国人民币管理条例》的宣传折页，上面明文规定未经人民银行批准不允许擅自装帧与处罚的条款，便自觉地打消这个念头。

益处三，题广源长。当今商品知识年代，各行各业都在打造自己的企业形象与品牌，营销自己的产品或商品，都需要印制宣传折页。而企业世界、商品世界浩瀚如海，信手拈来都有许多很好的主题与来源，对提高我们收藏品的质与量都有很大的空间。以银行界为例，大者，世界上各个国家都有各式各样的银行，如果能够收藏齐全所有银行的宣传折页，就会有成千上万种不同风格、不同创意的宣传折页；中者，一家银行（如中国工商银行）在全国各省、市、县乃至世界各地都有自己的分支机构，每个分支机构都根据本行实际印制宣传折页，也会有成百上千种各具特色的宣传折页；小者，一个分支机构随着业务领域的拓展、营销产品的换代、技术手段的进步，也在不断更新宣传折页。这种几何乘数的累积，岂不是为我们带来收藏宣传折页广阔的时空？

益处四，经济实惠。收藏古玩珍宝，要有殷实的家财；收藏金银钱币，要有一定的资金实力；即便是集邮，也要沉淀一部分钱财；要是收藏酒瓶坛罐，也要占用较大的房屋空间。而收藏宣传折页，无须花费一分一毫，进商场、入银行、住宾馆、看展览等等，都可以随处可取，甚至是走在大街上，就有人递给你一张房屋销售或药品推销的宣传折页。

随着科学技术的不断发展，各行业印制的宣传折页越来越精美，彩色胶印、立体制作，无奇不有，其中不乏精美的艺术品，颇有欣赏价值。如此投入少、收益大的事情，何乐而不为？

儋州市支行营销宣传突出 "四大特色"①

近年来，儋州市支行在业务营销宣传工作中大胆创新，注重实效，突出了工行特色、品牌特色、地方特色和文化特色，为增强工行良好的社会形象、拓展各项业务、打造团队精神起到积极促进的作用。

一、突出工行特色，树立工行形象

儋州市支行注意把工行 CI 战略要求落实到基层第一线业务营销宣传的每个细节当中，从而突出了工行规范稳健、诚信亲和的特色，不断增强良好的社会形象。

在视觉识别（VI）上，我行严格按照工行 CI 手册的标准制作各种网点招牌、宣传专栏、折页、横幅以及大型户外广告牌，还有各种银行与客户座谈会的会标，乃至饮用纸杯、各类宣传营销礼品等等，让工行独一无二的标识形象留给客户受众鲜明深刻的"第一印象"，让客户感受到工行规范稳健、诚信亲和、大气可信的大行风范。

在行为识别（BI）上，我行注意引导员工自觉遵守工行的行为规范，特别是直接面对客户的一线员工的服务用语、服务准则。并在此基础上，

---

① 银行产品同质化导致了营销宣传的同质化。作为基层行行长，尽管没有开拓特色产品的主导权（但有建议权），但有营销宣传的主导权。在银行产品日益同质化的背景下，力求营销宣传的本行特色、品牌特色、地方特色、文化特色，也能在同业竞争中脱颖而出。对此，本文作了分析与探讨。

本文作于 2005 年 6 月。

不断加强岗位培训和业务培训，提高员工的营销服务素质。如结合打造网点核心竞争力，建立精品网点，组织员工学习总行组织撰写编印的《理财中心管理营运手册》，将其对各个岗位不同的要求以及业务流程作为员工的行为规范，用员工的言行（包括服务用语、着装语言、形态语言、肌体语言等）在客户当中树立工行可信可亲的良好形象。

在理念识别（MI）上，我行善于借助各种银企座谈会、当地政府组织的企业界新春团拜会、理财金账户客户座谈会，宣传工行与企业客户真诚合作、共促社会经济发展与依法合规稳健经营的经营理念。2004年5月，我行利用储蓄存款突破5亿元的契机，邀请近百位理财金账户客户召开座谈会，当场向与会者赠送贵宾服务卡，卡上印有我行正副行长、部门或网点负责人、一对一的客户经理的手机号码，做出"您的随时的理财需求，就是我们第一时间的服务"的承诺，在当地企业界与高端客户群中引起较大的反响，也使我行的高端客户群迅速发展，连续两年翻番完成省分行的营销任务，完成任务率列全省系统第一名。2005年6月，理财金账户客户已突破400户，比2003年底增加10倍，工行在当地的美誉度不断提升与增强。

二、突出品牌特色，注重营销实效

儋州市支行在营销宣传中，突出品牌特色，发挥品牌效应，收到较好的营销实效。

"理财金账户"是面向个人高端客户的综合理财服务品牌，2004年获得《经济观察报》和香港管理专业协会主办的"中国杰出营销奖"。我行通过如下措施做足品牌营销宣传的文章：一是把理财金账户客户作为请进来的"座上宾"，专门邀请这些高端客户参加工行座谈会、联谊活动，同省分行、支行领导和当地市委、市政府的领导面对面座谈对话。同时，在支行设立理财中心和金银岛理财工作室，在各网点设立大堂经理与贵宾室，为这些高端客户提供更优惠、更优质的一系列贵宾服务，让其感受到拥有这一品牌的尊贵感，感受到被服务的便利，从而更切身体会到工行稳健、可亲的经营理念。二是主动走访理财金账户客户，在第一时间解决其办理业务的疑难问题，节假日和纪念日给其递送贺卡或感谢信、发送祝贺短信等。三是做好捆绑营销与深度营销，用个人网上银行、银

原中国工商银行行长张肖（中）在海南省分行
副行长李淑云的陪同下视察儋州市支行

行信用卡、个人消费贷款等业务品牌捆绑理财金账户品牌，使之相得益彰，增强客户忠诚度，使其真正感受到理财金账户"自信、自然、自由"的品牌精髓所在。特别值得一提的是，经省分行有关部门批准，我行在全省金融系统率先成立第一家命名的个人理财工作室——金银岛理财工作室，由行长任首席客户经理，提升对高端客户服务的层次与含量。儋州市委书记、人大常委会主任赵中社作为一员客户来其办理业务后给予肯定与较高的评价。

科技领先是工行业务手段上的优势，工行网上银行多次被国际金融权威刊物评为"最佳网上银行"的称号。同时，海南省分行也借此科技平台，率先在全国金融系统打造了"双休日照常办理对公业务"的服务品牌，给各基层行处品牌营销宣传铺平了道路。对此，儋州市支行善于作"人无我有、人有我优"的营销宣传文章，既在各种会议、文娱活动等公众场合宣传工行的科技领先优势，又能深入企业向个人高端客户一对一营销网上银行、贵宾理财室，吸引新注册企业开立新账户。2004年春，我行作为第一个被中国热带农业大学批准进入学生社区商业营销的单位，在大学生当中路演营销"金融@家"个人网上银行。由于宣传营销的目标定位明确，品牌方式对路，当天就开立了120多个个人网银账户。我行综合贡献度最大的客户——洋浦南华糖业有限公司率先使用工行网上银行，成为全省工行系统成交量最大的客户之一，至今仍成为企业网上银行营销的最佳案例。据统计，截至2005年6月，我行企业网银发展到5户，个人网银发展到846户，分别比创始阶段的2003年底增加3户与727户，促进了各项存款的增长，存款余额6.8亿元，增长了17.3%。

三、突出地方特色，争取大众认同

儋州市地处海南岛西北部，面临北部湾，有 90 万人口，是一个除省会海口市外人口最多的市县，也是文化底蕴比较深厚（被流放的苏东坡曾在此地办学传教）、人员交流繁杂、语言交会较多的地区。我行把被大众普遍认同的地方特色融会于银行业务营销宣传当中，让人感到可亲可信。

我行马井分理处所处的白马井镇为海南省最大的中心渔港，这里的客户接触的海内外的渔民较多，接受新鲜事物的愿望与能力较强，我行理财金账户客户最早发端于此，存量也较多在此。这些大多以渔业为营生的高端客户急需 ATM 自助银行弥补银行网点下班后资金交易的空白（黄昏时分是渔民上岸交易的高峰阶段）。为此，我行在当年休渔期满后抢先在当地第一家安装 ATM 自助银行，并打出"开海了，工行 ATM 自助银行 24 小时为您服务"的跨街横幅，给当地受众留下深刻的印象。首先，结合渔港的特色，解决当地主要客户之急需，能够赢得客户的信赖；其次，用"开海了"这样的当地渔民渔商自己特定的语言做营销宣传广告语，入耳入心，给特定的客户一种亲近感。因而，ATM 安装不到 3 个月的时间，其总成交金额一跃成为全省工行系统 179 台 ATM 之首，2005年 3 月成交总额达 1974 万元，为第二名成交额的 3 倍。

儋州市是海南省热带亚热带作物的主要产地，2004 年荔枝成熟时节，适逢我行储蓄存款突破 5 亿元大关。于是，我行借助当地当年荔枝大丰收的时机，采取如下一系列营销宣传活动：（1）召开大型的"荔枝红了，储蓄存款超 5 亿元"座谈会，邀请当地党政首脑、名流、商贾与省分行领导参会，借机营销品牌、宣传理念、树立形象；（2）在主要街道、网点门前悬挂"工行感谢您，储蓄存款超 5 亿有您的一份贡献"的横幅；（3）自编自演话剧小品《荔枝红了》，不着"工行"一词，却把工行的理财金账户、牡丹银行卡、网上银行、代理基金、代理保险等业务品牌寓营销于娱乐当中，具有较高的艺术性，被儋州电视台拍录播放，甚至被不法商贩盗版刻录光盘在市面抛售；（4）尤其突出的是，策划制作了"荔枝红了，储蓄存款超 5 亿"的大幅广告，在 5 的后面用 8 颗红透了的荔枝代表 5 亿元的 8 个零，作为理财金账户、牡丹信用卡、汇款直通车、网上银行、95588 电话银行、代理国债、代理保险、代理基金等 8 个品牌的象征物，形象、鲜明，以至于当地受众都说："今年的荔枝好像是专门为工行储蓄存款超 5 亿红的！"

四、突出文化特色，造就营销团队

儋州市支行把"出效益、出经验、出文化、出人才"的以人为本的经营理念融会于营销宣传之中。对我行来说，一项业务、一个品牌、一个客户营销成功固然重要，但更重要的是在成功的营销当中银行员工把握了品牌的特性，提高了营销的技能，领会了工行的理念，增强了爱岗敬业的精神，提升了自身素质与品位，培育了工行营销服务文化。

其一，用心发现、总结、提炼成功营销案例，凝聚员工营销宣传的聪明才智。首先鼓励员工敢于攻关，大胆营销。有个网点原来对营销理财金账户和代理保险有畏难情绪，宁要增存 10 万元储蓄任务也不愿代理 1 万元保险。通过我行领导的鼓励与督促，该网点终于打破零的纪录，之后办公室及时提炼总结其中的成功案例，激发了他们的积极性，使之成为全行营销代理保险最多的网点之一。据统计，在仅 1 年半的时间里，我行就总结提炼了近 30 个营销案例，其中通过互联网向大学教授成功营销基金和"汇财通"的案例被总行网讯采用后，还被总行评定为 2004 年度 30 条优秀网讯之一。过去，我行只有一两个员工在省分行发过网讯，现在，有 10 多位员工经常在总行、省分行发表分量较重的网讯。我行还准备将这些营销案例结集成书由正规出版社出版。

其二，推行大堂经理工作制。我行在城区 5 个网点配备专职大堂经理，在 2 个边远网点配备兼职大堂经理，制定大堂经理工作责任制，每月召开大堂经理工作例会，行长与主管行长参会听取营销成果报告，激发大家的积极性。大堂经理们精神面貌焕然一新，营销素质快速提高，营销成果不断涌现。

其三，强化营销培训。一方面，我行积极推荐营销骨干与能手参加总行、省分行举办的业务培训；另一方面，该行经常组织网点、部门负责人到兄弟行处对口学习，交流营销经验，二者的比例每年达 30% 以上。同时，自办培训，在掌握了营销品牌的要领后，还要上机实务操作合格后才能过关。

附件：

炒好特色菜，引得贵宾来

《城市金融报》记者：江天伦　通讯员：吴根波　黄红蕊

儋州市地处海南岛西北部，面临北部湾，约 90 万人口，是海南岛内除省会海口市外人口最多的市。工行儋州市支行在业务营销宣传工作中，大胆创新，注重实效，突出了工行特色、品牌特色、地方特色和文化特色。有人形容儋州市支行的营销工作犹如一位高级厨师，精心烹饪出一道道美味佳肴，引来了四方宾朋。

第一道"菜"：温馨服务　清风拂面

"您的随时的理财需求，就是我们第一时间的服务！"这是工行儋州市支行贵宾服务卡上的承诺，这些贵宾服务卡上印有该行行长、部门或网点负责人和一对一的客户经理的手机号码。2004 年荔枝红了的时候，该行储蓄存款正好超 5 亿元，支行借机邀请 100 位当地的商贾名流出席"荔枝红了，储蓄存款超 5 亿元"高端客户座谈会，当场把这些精美的贵宾服务卡赠送给与会嘉宾。该行业务经理则对国债、基金、保险等产品合理科学搭配组合进行演示，使与会人员对工行的理财产品产生浓厚兴趣，也使全市的高端客户群迅速向该行靠拢。

2004 年春，儋州市支行开始营销网上银行，经过努力，作为第一个被中国热带农业大学邀请进入学生社区进行商业营销的单位，在大学生当中路演了"金融@家"个人网上银行。由于宣传营销的目标定位明确，品牌方式对路，当天就开立了120多个个人网银账户；经过努力，儋州市支行最大的客户——洋浦南华糖业有限公司率先使用工行网上银行，成为海南省工行系统成交量最大的客户之一，至今仍成为企业网上银行营销的最佳案例。

2005年中秋佳节前夕，该行为了加强对高端客户的维护工作，组织员工开展了一次"给客户中秋祝福短信"比赛活动。据不完全统计，全行有近百条有个性、有创意、有文采的短信发给不同的客户，给客户留下了难忘的印象。

第二道"菜"：特色服务　亮丽风景

"开海了，工行ATM自助银行24小时为您服务"这条跨街横幅给海南省最大的中心渔港——儋州市白马井镇居民留下了深刻的印象。这个镇的居民以渔业为主，自古以来，每天黄昏时分是渔民上岸交易的高峰阶段，而这个时候却往往是各家银行已经下班的时候，一些高端客户资金交易很不方便。在2004年的一次座谈会上，一位客户向工行儋州市支行提出了急需ATM自助银行的强烈要求，支行领导认为客户的建议很有代表性，马上向省分行相关部门汇报，并于当天派人到白马井镇实地调研，在省分行副行长李淑云的支持下，当月白马井镇就有了历史上第一台ATM。ATM开通仅半年后，月交易额达到1970万元，成为工行海南省分行170多台ATM交易量冠军。儋州市支行在白马井镇安装ATM的案例被长春金融管理学院主讲《银行案例营销》课程的老师选定为实战分析案例。

2005 年初，海南省金融系统第一家正式命名的理财工作室——金银岛理财工作室在工行儋州市支行诞生。儋州市支行为金银岛理财工作室配备了精干的理财顾问和客户经理，并由支行行长担任首席客户经理，迅速提升了对高端客户服务的层次与含量，高端客户真实感受到拥有这一品牌的尊贵感，金银岛理财工作室工作局面很快打开。客户经理通过细心识别引来高端客户，使该行实现外币"汇财通"业务零的突破，成为全省工行系统"汇财通"业务营销额较高的行之一；客户经理在为客户办理一般业务时，根据客户的实际情况，制定理财方案，灵活采取捆绑营销，善于做一揽子买卖，使客户从单一办理普通业务到办理基金、

2005 年 5 月成立的金银岛理财工作室是工行海南省分行

同意命名的第一个银行理财工作室

网上银行等新兴业务，有
的客户陆续从他行将上百
万元款项取出转存该行。
儋州市委书记、人大主任
赵中社听说后特意来到金
银岛理财工作室体验了一
番，连说好！据统计，金
银岛理财工作室成立后，
仅支行的理财金账户就发
展到 423 户，一直名列全
省前茅。

作者在儋州市支行金银岛理财工作室开张典礼上

像白马井 ATM、金银岛理财工作室这样的新事物，在工行儋州市支行还有很多，它们犹如一道亮丽的风景线，把工行儋州市支行装扮得更加美丽动人！

第三道"菜"：全员服务　烹饪文化大餐

儋州市是一个文化底蕴比较深厚的城市，宋代大文豪苏东坡曾在此居住三年。苏公在此传道授业，影响深远，至今，儋州文化在海南岛内还独具魅力。儋州的老百姓对文化人、文化活动有一种很自然的尊崇。有着海南省城市金融学会原秘书长、海南省作家协会会员、《城市金融报》海南记者站原站长、工行海南省分行原办公室主任、高级经济师背景的现任儋州市支行行长王辉俊本身就是一个文化人，以"文化立行"是王辉俊一直以来的办行理念。他说，有文化的东西才是有生命力的、永恒的。他把"出效益、出经验、出文化、出人才"的以人为本的经营理念融会于营销工作之中，员工不但提高了营销的技能，领会了工行的理念，而且增强了爱岗敬业的精神，提升了自身素质与品位。

在这样一种文化氛围中，儋州市支行上至行长，下至每一位普通员工，人人都是营销者，个个都是服务员。支行领导以一种欣赏的眼光看待每一位员工在营销工作中所取得的点滴成绩，从精神层面和物质利益上给予有成效的员工双重的奖励。办公室小吴的家在儋州市某市级医院，她的父亲还是医院的老领导，但这家医院长期在他行开户办理业务。去年初，支行确定小吴为该医院首席客户经理。小吴不负众望，经过努力终于成功地把该医院的结算账户挖转过来，随后，支行的各项服务迅速跟进，该院在儋州市支行的存款余额达到 320 万元，住房贷款余额 139 万元，日均存款余额 249 万元，成为综合贡献度较高的一个客户。一直关注此事进展的市支行行长王辉俊亲自将这一成功营销写成案例，编发网讯，让小吴感动得不得了。她说，行长是在肯定她的工作，她有一种成就感。王辉俊在与记者交谈时说，小吴是办公室的工作人员，本不在业务营销第一线，但她能顾全大局，为行分忧，为全行二线员工做出了表率，为全员营销做出了榜样，她的事迹值得宣传和表扬。王辉俊认为，实行首席客户经理制，可以把责任、业务考核落到实处。首席客户经理就是第一执行人，他可以根据具体客户的实际情况，提出可行的营销策略，报经上级领导审批后，就可以调动全行可资利用的人力、财力、物力资源来达到预期的营销目标，同时，还有责任随时关注客户的资金流向与账户变化情况，及时反馈信息，采取有效的营销措施。

在这样一种营销氛围中，工行儋州市支行的员工纷纷走进社区、走进工地、走进机关大院，全方位营销工行的金融产品，并在每一个项目营销成功后写成案例。据统计，在近两年的时间里，支行已先后总结提炼了近100个营销案例，其中通过互联网向大学教授成功营销基金和"汇财通"的案例被中国工商银行总行评定为2004年度全国30条优秀网讯之一。

2005年末，记者有机会到儋州市支行采访，行长王辉俊特意带记者到办公楼6楼的一个房间参观。原来，儋州市支行正在布置一个颇具规模的"行史陈列室"。只见100多平方米的房间内，已经被装饰一新："支行发展史"、"业务发展史"、"业务营销"、"精神文明建设"、"业务机具演变"等各个小区已经基本成型。王辉俊不无兴奋地说，2006年初建成开馆时，这将是海南省第一个"金融行史陈列室"。

银行广告媒介的选择策略[①]

本文就银行广告媒介的分类及比较分析，结合银行选择其媒介的原则、方法技巧和实际个案，汇总作者实践过程中的心得体会，以期达到抛砖引玉的作用。

一、银行广告宣传的分类及比较分析

在现代社会当中，广告宣传媒介的种类很多，分类的方法各异。本文仅就适合银行形象宣传和业务营销的广告媒介的分类及其特点进行比较分析，为下一步选择策略打下基础。

从银行形象宣传和业务营销的操作层面来说，银行广告宣传媒介大致有如下几类。

平面广告类：主要是各种面向社会大众公开发行的报刊广告，包括新闻报刊，如《人民日报》、《半月谈》等；群体类报刊如《中国青年报》、《中国妇女报》等；行业报刊如《金融时报》、《中国冶金报》等等。其主要的特点是有视觉上的版面感，能给人留下较强和较久的印象，有不同层次的特定受众群，银行可根据其不同的受众群投入形象宣传和

[①] 在合适的时空，对合适的客户，营销合适的产品，这是策划营销学的一个天条。而银行的广告如何在合适的时空（时机），选择合适的客户（媒体），营销合适的产品（广告），又何尝不是一个道理。也只有如此，才能取得投入少、见效快、收益大的效果。本文希望能给银行从事营销策划者一些经验参考。

本文作于 2006 年 5 月。

对应的业务营销广告。

广播电视类：主要是各个级别的广播电台和电视台播放的声像广告，包括卫星电视、有线电视、闭路电视和社区广播电视等。最主要的特点是传播快，甚至是现场直播；受众广，甚至不受地域、疆界的阻隔；感染力强，既可图文并茂，更可声像煽情。但也有稍纵即逝的弱点，需要连续不断甚至翻来覆去、不厌其烦地播放从而增加广告费用的投入。

电子网络类：主要是公众网站，包含搜索网站、商务网站，也包含政务网站和社区网站。随着科技的进步及网络科技的普及，越来越多的公众将获取信息的途径转移到网络上来，而接受最快的人群为青少年及接受教育程度较高者。因此，这也将成为银行未来增加投入广告宣传最多的媒介。对此，中国工商银行意识较早，动作较快。目前已与国内十多家著名网站建立了合作关系。新闻学博士王朝晖在他的《决胜媒体市场》一书中，对网络信息资源的特性做了概括：既有极高的可行性，同时也具有广泛的共享性。资源区域的扩展和文本形式的丰富，使银行选择网络媒介做广告宣传时有较强的参考性。

户外广告类：这是较为传统、应用较广、作用较大的媒介。户外广告主要包括户外大型广告牌、户外大屏幕广告、户外招贴（旗）、户外广告招牌、门楣。同时也包含天桥广告、汽车流动广告、大型气球广告等等。户外广告具有时效性长、潜移默化作用较强、受众印象深刻等特点，但投入成本较高，维护成本也较大。

文体活动类：包括文艺演出、各类体育比赛活动等。其特点是公众参与性强，借助报刊、广播电视等媒体传播广，但投入的成本也较大。

会务会展类：包括各种政务会议、商务会议、专业会议、商业展销、新技术新产品推介会等等。其特点是宣传营销目标较明确，定向广告营销性强，但时效性较短，主题突出难、挥散快。

公益活动类：各种公益宣传活动、赈灾义演、捐助等。借助此类活动作形象性广告，对塑造良好的企业形象有较大的辐射面和较强的效果。

生活礼品类：这是银行常用的一种广告营销媒介，能够使银行与客户建立直接的业务信息的沟通和情感的沟通。这类品种包罗万象，贵重于廉价自选，包括各种挂历、台历、文具、包带、茶具、厨具、体育用品、工艺饰品甚至土特产等等。其特点一是受众欢迎、实惠，如生活洗涤用品、茶具等。二是时效性长，如挂历、台历。三是目标性强，哪一类客户赠送哪一类礼品，做哪一类营销广告，有较强的针对性。但投入成本也较高，客户有依赖性，银行长期的维护较难。

宣传折页类：在银行营业网点，对外柜台摆放的各类广告招贴画、广告宣传折页、文本等，都属此范畴。这是国内外银行使用最多的媒介，其特点是营销的品种特点突出、专业性强，适合于对已有的客户做深度营销与捆绑营销，但对非本银行客户的营销有难度。

此外，还有邮递类媒介、飞行类媒介（如飞机散发传单）、手机弦铃媒介、电话铉铃媒介等等，不再一一赘述。

二、银行选择广告宣传媒介的原则

投入少、反响大、见效快、收益好的原则。这是最基本的原则，也是银行选择广告宣传媒介策略的目标和目的。过往有些银行投放的广告宣传，由于选择不当、操作不妥，尽管投入的费用较多，一时间的反响也不小，但往往收到的是"光打雷不下雨"的不佳效果。而有些银行广告一味要求低成本，没有达到连锁效应和滚动效应，反倒把前期投入的费用"打了水漂"，形成无效或低效的浪费。

瞄准目标客户、有的放矢的原则。不是所有的媒介都能适应银行所需要的个性化的形象广告宣传和业务产品营销宣传，也不是所有的目标客户都归集在同一媒介上，这就要求我们把准广告宣传的目的和选准适合特定客户群的媒介。

分级投放、量入为出的原则。有些全国性的新闻广告媒介，往往要求省一级分行，甚至二级分行在其载体上做形象或业务产品广告，而这些层级的金融机构也把握不准自己的费用能力，一味追求反响度，结果往往是反响大、收效小，得不偿失。因此，全国乃至全球性的银行集团，有必要把广告宣传媒介划级投入管理。一般来说，总行侧重于在国际、国内有影响的媒介上投入广告宣传，省分行一级侧重于省级报刊媒介，以此类推，分层次推出会取得相辅相成的效果。

把握分寸、量体裁衣的原则。前些年，有一个中央级媒体的记者，到一家资产规模在全国系统中占比倒数几位、不良资产较多、亏损率较高的省分行，要求银行在其版面上做一篇较长的所谓改革出成效的有偿软文广告文章。幸亏该行的接洽人员尚有自知之明，婉言谢绝其好意，否则真的登出软文来，将会贻笑大方，甚至会被同系统的当做茶余饭后调侃的笑柄。因此，广告媒介也是一把"双刃剑"，把持不住，花了钱还要伤害自家人。

立足本地、顾全大局的原则。其实这与分级投放、量入为出的原则并不矛盾。作为省一级分行或二级分行，主要客户群都在本地，广告投入理所当然以立足本地为妥。然而，作为一级法人单位的全国性大银行，其CI形象和产品营销策略理应是统一的，而许多跨国、跨地区、跨行业的客户资源是共有共享的，特别是机场、港口、车站和旅游景点，都有来自不同国家、不同地区的客户群。在这种特定的地区和场所，由省一级分行或二级分行作全行性的形象广告，不单所在地银行受益，全国各地的银行都受益，又何乐而不为呢？当然，对这类地区和场所，总行的投入有所倾斜，也在情理之中。

形象广告和营销广告兼顾原则。银行内部层级不同，形象广告和营销广告应该有所侧重。如总行宜偏重形象广告，基层行宜侧重营销广告，但不可偏废。基层行的形象广告，也是总行形象广告的组成部分；而总行的营销广告，也是基层行营销广告的指引。同时，公众对银行形象广告的认知与认同，也会增强对基层行营销广告的认知与认同；反过来，公众对基层行营销广告的认知与认同，将更进一步增强对该行形象广告的认知与认同。

三、银行选择广告宣传媒介的方法与技巧

成本比较分析法。该不该选择某一种媒介作银行的广告宣传，最主

要的方法是投入产出成本比较分析法。设定三个思考题，即一是值不值得花这笔钱，二是值不值得在这个媒介上花这笔钱，三是还有没有比这个更好的媒介去花这笔钱。如果我们把这些问题都用量化的指标测算出来，就不难得出正确的答案。2001 年，工行海南省分行同《海南特区报》曾经合作宣传营销的事宜（详见本书案例《银报合作促营销》一文），采用的就是成本比较分析法，即把该报和银行宣传折页、邮递送达广告媒介作了比较，其成本比较该报每份是 0.055 元，银行宣传折页每份为 0.20 元，邮递成本加印刷成本是 0.40 元。由此可见，银行与报社的合作，不但信息量大、信誉度强，而且成本仅是后二者的近 1/4 和近 1/7。因此，这一媒体的选择无疑是最明智的。

目标定向法。有的放矢，目标明确，对特定目标客户群宣传营销特定的金融业务品种，往往会收到投入少、见效快的效果。2003—2005 年，工行海南省分行与海南当地最大的综合性资讯和商务门户网站"海南在线"共同策划了"带着银行上大学"的网络媒介广告营销活动，取得了预期的效果（详见本书案例《一次网络营销的有益尝试》）。由于选准了广告营销的媒介，访问量超过了 3 万人次（超过当地考生人数），答题人数超过 3000 人，加之资助录取贫困大学生的公益活动，该行在社会公众中的形象得到良好提升，促进了该行营销的目标品种——个人网银、信用卡和汇款直通车业务的增长，全国公开发行的《中国城市金融》刊物也特地将这一成功的案例作为封面文章刊登推出，一些大专院校的营销策划专业还将其作为专业参考篇目。

草船借箭法。银行借助各种公益活动、重大事件和公众关注的媒介，搭"顺风车"作形象广告和业务营销宣传，将会有事半功倍的收获。2000 年，海南人口普查办公室要在海南省会海口市车流量最大的东湖三角街矗一块第五次全国人口普查标准时间的倒计时牌，找到工行海南省分行要求资助，投入的资金不多，但社会关注的面较大。因此，该行决定同其合作，在倒计时牌的下端亮出工行"牵手"的标志性形象广告。事后，《海南日报》、《金融时报》都刊登了大版面摄影报道，海南电视台播放了综合新闻电视节目，其中《金融时报》还将该图片报道评为"月度最佳摄影报道"，一举多得。1999 年 3 月，工行海南省分行响应省委、省政府提出的"全民种植椰子树，绿化美化海南环境"的口号，将原本为庆祝该行储蓄存款突破100 亿元庆典的 4 万元，用来在公共绿地——万绿园栽种 200 棵椰子树，并邀请省委副书记、常务副省长和海口市委书记、市长共同参加，被当地多家主流媒体报道，树立了良好的企业形象，也是借助公益事业活动提升企业形象的成功案例（详见案例《策划万绿园》一文）。

　　成本递减法。户外广告牌是一种传统而有效的广告媒介，但它的缺点是租赁的费用较高，维护持续租赁的费用也较大。工行海南省分行采用的两种成本递减法值得借鉴。一是选择本行的物业，委托广告公司制作户外广告。由于历史的因素，银行在城市的繁华地段都拥有自己的物业和营业网点，这是块最佳的广告资源。银行充分利用这块广告资源，就可以达到投入少、效益大的效果。如 1999 年工行海南省分行委托某家广告公司，在其办公大楼附楼天台上制作了一块 150 平方米的大型户外广告牌，其费用为 24 万元，为当时同类价格的 2/3，且可以使用多年，年均费用很低，达到了一次制作、永久拥有、长期收效、摊薄成本的理想效果。同时，该块广告牌与省分行办公大楼在整体外观布局和色调上融为一体，还被海口市广告业界评为当年户外广告优秀作品之一。二是银行与广告公司从租赁关系转变为合作关系，取得双赢的效果。三亚是全国著名旅游城市，每年三大黄金周，特别是春节期间，国内外嘉宾如云，工行海南省分行选择在位于东线高速公路三亚门户地界的田独镇十字路口制作大型户外广告牌，可以说是立足海南、面向全国、辐射全球的黄金地段广告，此地段的广告费用相对也是较贵的。该行采取与广告公司合作的办法，制作一个立柱式三面体的大型户外广告牌，工行利用两面做营销广告，一面做公益广告，其费用是第一年60.6万元，第二、第三年各23万元，第四年26万元（含更新画面费用），第五、第六年也是各23万元，总计费用178.6万元，平均每年29.7667万元，每年每块广告牌14.88万元，以不变价格计算，比正常的商业户外广告价格低20%。由于该地段是三亚市的门户，市政投资建设十字路口旁边的花圃，而工行的广告矗立在花团锦簇的花园之上，交相辉映，成为三亚市门户一道亮丽的风景线，也进一步提升了工行户外广告的品位。

立体轰动法。银行所作的形象或业务广告宣传，在特定的时间里，对媒介的选择往往不是单一的，而常常要求是多渠道、多层面，做到图文并茂、有声有色（像），以求达到立体轰动的效应。2002年，工行海南省分行敢于在业务上创新，在全国工行系统为数不多的几家一级省分行当中，率先开办"银证通"业务。省分行办公室积极配合相关业务部门，开展"拨通95588，用工行存折炒股"专题广告宣传营销活动，采取的就是立体轰动法，选择了多种媒介，对同一主题采用十多种渠道或形式宣传，滚动式、轰炸式的广告宣传策略，促使"存折炒股"成为工行的一项品牌业务。在新闻报道方面，采用工行与证券公司合作签约仪式和"银证通"业务进展追踪报道，在当地主流报刊、电台、电视台先后刊发了 100 多篇次相关专题报道稿件；省分行和各分支行联动，举办了 10 多次专题表演活动，印发了 10 多万份宣传折页；制作了大型户外广告牌、宣传横幅、网点招贴画、邮政编码广告牌、图文电视的股市行情栏目插播广告等等，在一年半时间里，全省有 4500 多名客户办理此项业务，累计成交 11 亿多元。对此，省分行还给予办公室专项营销策划奖励。

解决银行排长队难题的思路[①]

近来，银行排队的现象已成为社会舆论和新闻媒体关注的热点问题。透过这种银行排长队的现象，我们不难发现目前的状况大致是国有银行比外资银行严重，国有大银行比中小银行严重，工商银行在国有大银行中这种现象相对严重。究其原因，这与国有大银行原有的门槛低，拥有的客户群体庞大有着较大的关系，特别是在工商银行这种原有物理网点分布广、数量多的国有大银行就表现得更为突出。当然，这种现象给银行带来压力的同时也反映了客户对于国有大银行的忠诚与信赖。因此，作为国有大银行，也要积极采取强有力的措施，尽快尽好解决这个问题，赢得更多客户的理解与支持。

一、银行排长队的成因

银行排长队现象出现的成因是多方面的，有客观原因也有主观原因。

（一）客观因素

1. 社会公众的金融知识与消费意识有待提高和培养。客户办理业务的传统习惯难以改变、自身素质水平有限和银行自身宣传力度不够等原

[①] 2007 年，银行排长队难题成为社会公众与媒体关注与热议的焦点，银行的信誉与服务形象受到较大的冲击。本文站在银行的角度，客观分析其存在的主客观原因以及提出社会、政府、银行与客户共同努力的解决思路。

本文与洪雅静（时为省分行办公室秘书）合作，作于 2007 年 8 月。

因，使客户不了解、不信任也不习惯电子银行服务。工行海南省分行的抽样调查显示：小额存取款业务约占现金柜台业务笔数的40%，许多储户尤其是中老年客户存款时宁愿花时间在网点等候，将现金亲自交到柜员手中，也不愿意尝试近在咫尺的自助设备。这种"不放心、怕吃亏"的心态成为银行推广自助设备的最大障碍，许多自助银行的便利性并没有完全体现出来。

2. 银行网点的撤并和减少。市民财富的增加和理财观念的增强使其对金融产品的需求与日俱增，客户数量激增，而与此同时许多国有银行改制后的股份制经营模式使它们需要对大股东的投资收益负责，要千方百计地降低成本、追求收益，物理网点受运营成本制约总量基本保持不变甚至有所减少，广大居民迅速增长的金融服务需求和有限的银行服务供给能力之间的矛盾加剧了排长队现象。

3. 银行金融产品和金融衍生产品的不断增加。现代银行业务早已不仅仅停留在发挥存、贷、支付结算等功能上，拓展中间业务成为银行业务发展的普遍方向，银行所代理的基金、股票业务和非储蓄型理财产品的种类越来越多，而这类业务的办理无论是填写的表格还是处理流程都相对复杂，耗时往往数倍于简单业务。调查显示：办理一笔简单的存取款业务仅需3~5分钟，办理一笔理财或中间业务涉及咨询、协议签署、资金划转，短则十余分钟，长则耗时半小时甚至更多。同时，近来股市财富效应及基金盈利的刺激使办理这方面业务的客户大量增加，一定程度上也加剧了银行的压力。

4. 国有银行更多地承担了大量社会责任，造成柜面资源紧张。老百姓普遍认为国有银行不应"嫌贫爱富"的心理以及外资银行高门槛的限制使得国有大银行承担了更多的"公益性"业务,像工行除了客户群体最为庞大、客户层次最为复杂外,还承担着为行政机关、事业单位代发工资,管理养老保险金,代缴公用事业费,代收交通罚款等公共服务职责,代理的服务有100余种。但由于特有的发展历程以及被政府、百姓寄予厚望,这些国有大银行并不能为片面追求利润而将部分业务拒之门外、一推了之,因此也造成大量微利甚至无利的代理业务耗费了银行大量资源,使原本就不多的服务窗口更为拥挤。

(二)主观因素

1. 服务意识有待进一步加强。银行经营管理者为了追求企业价值的最大化,往往实行服务与收益对等的服务模式,对能够为企业直接创造较大价值的中高端客户给予重点关注,对普通大众的服务方面却显得不足。同时,银行加强了操作风险的控制,完善了相关操作制度、流程。内控制度要求越来越严且处罚重,造成临柜人员面临的内控风险压力加大,"宁慢勿错"的自保心态严重,主动服务意识不强。

2. 员工的素质与技能有待提高。银行间的竞争日趋激烈,促使银行的操作系统不断升级换代、银行的金融产品不断推陈出新,客观上要求银行一线柜员必须对各类产品的特性功能有一个更加系统全面的了解,掌握的操作知识和服务知识需成倍增长。但是培训效果的层层衰减,造成一线柜员对系统操作不熟练、对业务知识掌握不够全面,不能够有效促进服务效率的充分提高。

3. 银行业务流程应整合、优化。老百姓财富的增加带来了理财投资需求的膨胀，但去银行办理财业务的储户必然有这样的经历：单子要填一大堆，签名要签好多个，密码要输好几遍。银行要防范一定的风险，但反复地填写单据、签字和输密码实属时间和精力的浪费。设计银行凭证与操作程序时不仅需要考虑风险防范，还需考虑填写及操作是否合理、必要。比如单据上分散填写的内容是否可以集中；银行内部电脑操作程序是否可以更新；规章制度能否简化，使得操作时间缩短。这是中资银行目前最致命的内伤，也反映了现有的银行业务流程的设计还不够人性化的缺陷。

4. 企业文化建设和检查监督、奖惩机制有待完善。国有银行一般都有着较深厚的文化底蕴，但股份制改革和外资银行准入所带来的挑战、金融产品的易模仿性，都使金融机构竞争的焦点从产品转向了服务。要想不断增强银行核心竞争力，提高客户的忠诚度，保持良好的业务成长性，唯有不断提升银行服务水平，给客户提供全方位的优质服务，这就要求我们必须用现代金融服务理念来教育员工，使"以客户为中心"成为贯穿全行经营活动的主线，通过企业文化建设，为开创服务工作新局面奠定思想基础。同时，要切实建立起管理与教育并重、奖励与处罚并重的管理模式，完善《营业网点绩效考评暂行办法》，发挥绩效考评的导向和激励作用。

二、解决银行排长队难题的措施

（一）银行已采取的措施

银行排长队现象广受大众关注，社会媒体都在"拷问"银行，面对这种情况，银行也并非无动于衷，而是积极地采取了一系列的措施加以解决。

1. 服务意识的进一步强化。工商银行总行把 2007 年作为"优质服务年"，把提高服务质量作为工行上市后第一个经营年度的工作重心，力争用两到三年的时间使全行的服务面貌根本改观，显著提升客户满意度和社会美誉度，成为国内服务最好的金融企业。同时，建立了相关服务监督和检查、考核机制，将服务质量同绩效挂钩，通过严格执行各项服务制度来规范业务操作和服务行为，提高服务质量与效率。

2. 加大员工的业务水平和服务技能培训力度。通过对服务规章制度培训，使员工熟悉各项服务标准和规范，同时，通过对新产品、新系统的学习，使员工认识新产品的特征、了解新系统的运作，较好地把握新业务的重点、难点和风险点，有效提高服务效率。工行海南省分行还进行了定期的"送教上门"活动，把培训直接具体地落实到每一个柜面服务人员身上，有效避免了层层学习所带来的时滞效应。

3. 离柜业务的投入与引导。加大了硬件投入力度，设备资源向一线倾斜，加大前台设备、自助设备的更新、投放和功能开发力度，大力拓展电子化与自助机具相结合的分销渠道，进一步形成物理网点和电子银行各有侧重、互为补充的营销服务网络，全面延伸和拓展网点功能，并通过张贴操作流程示意图、举行电视沙龙等手段对广大群众进行一些自助方式使用的基础教育与培训，消除他们的排斥与恐慌心理，引导他们进行更多的离柜操作以降低营运成本、减轻柜面压力，不断增强电子银行和自助设备对机构网点的替代效应。力争通过 3 年的努力，确保离柜业务占比达到 50%，力争达到 55%，依靠电子分销在服务渠道上"再造"一个海南省分行。自助业务主要有以下几种：

（1）自助设备（ATM、CDM、存取款一体机、多媒体自助终端等）。现在银行无论是物理网点还是 24 小时自助银行一般都配备了先进的自助机具，存款业务、小额取现业务（20000 元以下）、账户查询业务、存折补登、历史明细查询、转账业务等都可以自助实时完成，方便快捷。

（2）电话银行。不论何时何地，只要拨打中国工商银行统一的 95588 热线，就可以立刻享受包括账户查询、转账汇款、基金业务、外汇买卖、余额变动提醒等多种金融服务。其最大的特色就是有语音提示，通俗易懂。此外还设有人工坐席为客户解答咨询、解决投诉。

（3）手机银行。它也被称为可移动的银行，只要有手机信号覆盖的地方，就可以通过手机发送短信到工行特服号完成查询、转账汇款、捐款、缴费、消费支付等金融业务的处理。方便灵活，服务面广，实时交易，过程连续且技术加密，信息很难被截获，安全可靠。

（4）网上银行。网上银行经过多年发展，目前功能已日趋强大完善，诸如账户查询、转账汇款、基金买卖、债券买卖、黄金买卖、外汇买卖等业务，网上银行都能十分方便快捷地完成。而且某些业务，如电子速汇业务、基金业务通过网上银行办理还可以享受一定程度的手续费优惠。至于公众十分关心的安全问题，现在也有了客户验证信息、动态密码卡、USB Key 等一系列安全手段组合，只要正确使用客户端，培养良好的上网习惯和网络安全意识，安全方面是有保障的。

（5）信用卡和 POS 机。工行网点和签约商户的规模巨大，持卡人可以享有很多贴身服务和价格优惠，十分便利。而 POS 机现金转账系统通过柜面即时划转，具有安全、方便、快捷等优点。因此，改变传统的先取现后消费的观念，倡导刷卡消费，可以减少不必要的现金流动环节。

4. 优化网点布局，完善网点分区改造，并充分发挥大堂经理识别引导的调度作用对客户进行细分。主动针对不同层面的客户运用不同的服务渠道、服务层级、服务流程和服务产品进行差异化服务。工行海南省分行营业部于 2007 年 4 月 18 日进行了理财金账户的服务全面升级，使理财金账户客户有了更好的专属服务区域，VIP 客户获得更优质服务的同时也缓解了普通客户对高端客户占用窗口优先办理业务所产生的不满情绪。

（二）其他需要社会、政府、银行与客户共同努力的措施

虽然银行方面已经采取了一系列的举措，也取得了一定的效果，但要彻底解决银行的排队难题还需要社会、政府、银行与客户的共同努力。

1. 建立健全社会征信系统。征信体系所做的信用调查、信用咨询、信用评价，实际上是商业银行调查的一种专业化的分工。商业银行将自己掌握的信息与征信系统提供的信息结合起来，在引导人们信用消费意识，使信贷大幅增长的同时，不会带来风险的扩大。随着征信系统的发展成熟，建立在信用报告相关信息基础上的信用评分方法不仅有利于授信业务的发展，同时也有利于消费者更方便和更快捷地获得信贷服务。征信系统的建立，最终能使银行与借款人双方在道德的基础上达到共赢。

2. 金融监管部门、银行业协会等有关部门要高度重视改进银行柜面质量的问题，给银行业树立一个服务标准，健全服务评价体系，让银行也相应地承担一些怠慢客户的责任，以此强化服务管理。同时，也要在普及现代金融知识特别是安全使用自助机具方面发挥作用，积极推动全社会稳步提升电子化水平，实现数据联网通用，减少重复劳动，杜绝手工操作失误。

3. 银行营销也要改变单纯的营销理财产品模式，注重组合营销、交叉营销、电子产品营销。同时通过普及大众的金融知识和操作技能，提高客户的金融自助服务能力，而且在自助机具的设计上也应更简便易学并减少客户使用的种种限制，如 ATM 的取款次数及取款金额上限。

4. 电子银行的广泛普及和使用是大势所趋，也是解决银行排队现象的最根本、最直接的方法。对于储户而言，既可以省去去银行排队的时间，也可以快捷方便地随心选择自己想办理的业务。目前其利用率不高主要是人们对其不习惯、不放心、不会用等造成的，因此这也需要客户改变传统的交易行为方式，主动学习电子化产品的相关知识和操作方法，努力尝试新事物，接受科学技术给生活所带来的改变。

提高银行对网络舆情的重视程度[①]

近日，以针砭时弊为主的某自由撰稿人，在某省报网站上，撰文批评工行海南省分行服务工作，引来较多的点击率和跟帖附和，给我行带来一定的负面影响。其意见有三点：一是批评银行要求客户填写单据要准确、清晰、完整、规范带来的麻烦；二是批评工行海南省分行营业柜台排队等候的时间过长；三是不满意银行汇款还要收费。透过这些意见的发端与扩散，我们可以清醒地看到自身两点不足：首先，银行对客户金融消费的意识和知识的普及与引导不足，比如多向客户普及用网上银行、电话（手机）银行、信用卡刷卡消费，引导客户到自助存款机、自助终端机进行自助服务，就完全能够解决填写单据的烦琐和排队候时过长的烦恼。又比如多给客户宣传银行改进清算网络的高投入，银行也是以服务为营生的企业，按比例收取一定的费用是合理的，相信会得到客户的理解。再比如向目标客户推广理财金账户、优惠套餐业务，可以合理避费和争取一定的优惠，会得到客户的信赖。对此，银行的营销策略、渠道、方法、投入等明显不足。其次，客户在网络跟帖批评工行海南省分行服务工作的现象时有发生，但鲜见我行制定专门的对策、标准比如发布专家型的应对跟帖，也鲜见借助工行海南省分行员工和忠诚客户的

---

① 网络舆情给银行听取客户的合理化意见与建议提供了便捷的平台，但却是一把"双刃剑"，一些客户的非分要求得不到满足，就借助网络发泄，或不了解银行操作流程与内控要求提出诸多质疑时，如果银行不及时采取对应措施，就会致使银行服务形象受损，甚至造成不必要的新闻危机。本文仅对此提出银行高管需要关注与采取必要措施的建议。

本文作于 2009 年 1 月。

"民间力量"因势利导，进行解释与业务宣传营销。

目前，我国网民总量已到 2.5 亿人而跃居世界首位，网络的舆论力量，大到可以左右一个国家甚至是联合国的重要决策，细到能够影响一个企业，甚至是某个个体的形象声誉。水能载舟，也可覆舟。因此，对网络舆情的重视与否，策略优劣、渠道畅阻、方法对错，都会对我行的企业形象与业务营销拓展产生重要的影响，应引起足够的重视。

建言一：打造一支专业专家型与业余群众型相结合的专家答疑、员工呼应、忠诚客户支持三位一体的"网军"。第一，以总行（电子银行部、电话银行服务中心和办公室等部门）牵头、各一级分行（相关部门）参与，组建专业专家型的"网络攻关营销部"，其主要职责是：（1）搜索网络网民对我行业务服务的咨询、投诉及负面批评意见等信息，做到有的放矢，心中有数；（2）作出及时、规范的答疑和业务营销对策，消除误会，化解矛盾，维护形象；（3）指导和统筹下级行对口部门、我行内部员工网民做好跟帖支持的工作，控制、化解其负面影响，并做好考核、维护、奖惩工作；（4）联络我行忠诚客户，以第三者客观公正的态度给予相应的配合与支持等。第二，制定相应的考核、激励机制，鼓励我行员工（包括亲朋好友）以个人网民的名义，打造一支人数众多、反应快速的"网络民兵"，打一场"维护形象、营销业务"的"人民战争"。第三，遴选一批社会威望高、文化素质高、忠诚程度高的"三高"客户群，打造一支我行的"网络盟军"，以切身的体会现身说法回应网络的负面影响。同时，联络政府、社会、媒体等监管、监督、公证、司法等部门，做好我行形象维护和权益维护的工作等。

建言二：把握网络渠道形象维护与业务营销的战略战术。第一，总行借助《每日媒体监测报告》，对网络网民的负面议论，以总行的名义正面作出应对解答，显示我行是一个履行社会责任的大行，是值得客户信赖的大行。第二，行内员工跟帖支持时，尽可能不署单位名称，尽可能以普通网民的身份客观分析，平等对话，增强说服力。第三，邀请忠诚客户跟帖解答时，尽可能公开客户的真实身份，并以实例增强说服力。我行在各一级分行可以聘请一定数量的"网络盟军"，给予必要的精神鼓励和经济奖励或给予一定的办理业务的优惠等。第四，在解答网民的投诉反映时，尽可能以平和的态度、客观公正的评价答疑解难。既要以大度的胸怀容纳网民过激的言论，又不居高临下，盛气凌人，平心静气化解网民投诉的各种危机事件等。

银报合作促营销[①]

——与《海南特区报》合作促进业务宣传营销的做法与体会

工行与《海南特区报》经过 2000 年第四季度的合作尝试之后，于 2001 年正式同该报签约合作，经过近一年的合作实践，扩大了银行的知名度，加强了银行的企业文化建设，促进了银行新业务的宣传营销，同时也扩大了该报在当地金融界、经济界的影响，达到了银报双赢的预期效果，摸索了一条银报合作促营销的新路子。

一、银报合作的基本做法

1. 《海南特区报》的基本概况：该报 1988 年试刊，1989 年正式创刊并向全国公开发行，其最鼎盛时期的 1993 年发行量超过 15.9 万份，其中省外发行 7.1 万份。目前该报发行量 2.6 万份，其中省外发行量 4000 份。该报每周 4 期（2002 年将改为日报），4 开 8 版，为海南的主要媒体之一。2000 年 12 月 13 日工行在该报发了一期牡丹卡宣传专版，刊登了一组知识小测验，在半个月的时间里，就收到来自 6 个省份 230 多名读者的征答信，说明该报有一定的读者群和影响力。

2. 银报合作的形式和具体内容：（1）工行集中订阅该报 300 份，由

---

① 银行善于同新闻媒体合作，将会取得双赢的效果。本文通过银报合作的个案，着重从银行的角度，探讨银行对银报合作对象的选择、效益的分析、合作的内容、空间的拓展、深度的挖掘的价值取向与方法措施，期冀给同行些许借鉴。

本文作于 2001 年 9 月。

报社直接寄送至省内各分支行和所有的营业网点；（2）该报在2001年内每两周在日常版面上为工行出一个专版，专版名称及内设栏目可由工行自行设定，以工行组稿为主，报社负责编辑发行；（3）报社负责在工行聘请一批特约记者、通讯员，名单由工行推荐，报社审定，并免费负责培训工作。

3. 银报合作的基本情况：

（1）量多。自2000年11月第1个工行专版算起，至2001年9月底，共出版工行专版26期29个版，其中直接宣传工行业务的专版21个，反映员工业余生活的文学作品、摄影艺术作品的专版8个，仅2001年前三个季度就发专版26版，已超过全年的签订量。此外，该报还在头版头条、报眼和头版重要位置刊发工行重要举措的报道、专访4期，专版之外，零星刊发报道文章38篇。在前后10个月的时间内，刊发报道工行各项业务的文章、评论等共计229篇，这在该报反映某个行业的用稿量上是绝无仅有的。

（2）质高：我行与该报达成共识并共同努力，把工行专版办成该报编辑质量最好的专版。我们对工行专版的总体要求是突出客观性、公正性，避免商业化、广告化；对版面的编排要求是图文并茂，配以图片报道，文章短小精悍，一般每版要有4篇以上的文章，划版别致，多采用不同的字号排版，有时套加花边，或配以网底、标题套红等；在稿件编辑上，尽量减少行业色彩，标题、内容的取舍做到大众化、社会化，尽量站在社会的角度来反映银行的各项业务进展，使之更贴近读者。经过近一年的实践，工行的专版已获得媒介、金融宣传同业和读者的好评。

（3）面广：目前，已有 13 个行处 54 名通讯员在该报上发表报道文章，该报培训了一批通讯员骨干，成为培养我行通讯员的一个园地。

二、银报合作的几点体会

1. 推动了我行的企业文化建设，有利于增强我行员工队伍的凝聚力与战斗力。海南航空公司每年投入巨资，扶植海南《商旅报》的办报，通过这份报纸传达该公司高层领导的经营理念和树立自己的企业形象，营销自己的品牌与服务，达到企报双赢的良好效果，即使是饮食行业的海南龙泉集团、酿酒行业的海南亚太啤酒公司等，都有自己内部编发的报刊，都给我们较大的启迪。结合我行人员少、费用基数低的实际，采取这种"借别人搭的台，唱自己编的戏"的银报合作方式，同样可以达到加强银行企业文化建设、树立银行良好形象、营销银行金融品牌的实效，而且既省力（人力）又省钱，何乐而不为？事实上，通过近一年的合作，已经编辑发表的 29 个专版和 229 篇各类形式、体裁的文章，可以较为集中地反映银行业务拓展、提高资产质量、加强安全防范和精神文明建设的整体风貌。因此，这种银报合作的形式与效果，已远远超越了宣传报道银行各项业务工作的基本目标，达到了推动我行企业文化建设的较高层次，《海南特区报》成了我行一份全国公开发行的"编外行报"。

2. 促进了银行各项业务的宣传营销，有利于向社会推介银行的金融品牌和优质服务。近一年来，我们先后推出了银证通"存折炒股"、电话银行、企业银行、牡丹卡等专版，集中篇幅向社会大众推介银行的整合优势、科技优势、金融品牌优势等。特别是当地工行在全国工行系统和海南金融同业中领先推出的银证通"存折炒股"新业务，我们先后采用了 10 多种媒介进行营销，共刊发了 60 多篇宣传推介文章，其中我们在《海南特区报》上刊发了 2 个专栏，共计 19 篇文章，采用追踪跟进式、全方位集束式的方法报道，对树立我行这一新的业务品牌起到了推波助澜的作用。据统计，2000 年 10 月后的近一年时间里，该项业务在银行开户的客户达 4070 户，存折炒股成交量达 6.7 亿元，在海南金融同业中引起较大的反响。又如 2001 年 9 月 23 日，我们为了配合总行在全国各省市统一进行电子银行宣传营销路演的活动，编发了《工商银行带您走进 e 时代》的专版，让报社加印了 2000 份，在路演时散发给路过的群众，同时配以有奖征答活动，使刊有银行专版的该报"洛阳纸贵"，群众争相阅读，寻找答案，达到了营销银行电子银行有关业务的目的。我们认为，通过一家公开发行的报刊印发银行业务宣传资料，其可信度、辐射度要比银行自行印刷的宣传折页、传单的影响大得多。

3. 探索了一条低投入高产出的银报合作促营销的新路子。遵照总行领导提出的"每一项业务都要算成本"的效益原则，我们对这种银报合作的方式算了一笔账：以该报每期发行量平均 2.5 万份计算，我行一年发专版 30 个（按实际数，其他零星发稿尚不在内），有我行专版的年发行量共计 75 万份；而我行 1 年订阅 300 份报纸仅花费 4.14 万元；如果以相同信息含量的银行宣传传单印刷费计算，每份需 0.20 元，共需 15 万元，同比节省 72.4%；而如果 75 万份资料均通过邮局寄达的话，以印制品每份 0.2 元计算，尚需 15 万元，而这种银报合作方式，完全由报社负责发行，无形中又节省了这笔发行（散发）的费用。此外，银行每年订阅的 300 份报纸，发给所有的营业网点，作为银行对客户的一种信息服务，对提高银行的服务质量还能收到一定的成效。据闻，该报 2002 年将改为日报，发行量将突破 5 万份，如果这种银报合作的方式能延续下去，其低投入高产出的营销效应会更加明显。

4. 形成了银报双赢的良好开局。这种银报合作方式，已使银行初步收到了如上所述的正面影响，同时，对报社的编辑、发行也产生了积极的作用。首先，通过编发银行专版和有关金融行业的报道文章，拓展了该报所涉及的领域，加大了该报对金融和经济领域报道的力度和深度，扩大了该报的知名度和影响力。其次，促进了该报的发行工作。为了配合银行的业务营销，每逢刊发银行的专版，我们都让该报加印 1000 ~ 2000 份，作为银行摊销路演向群众散发的业务宣传材料，同时，在银行召开的银企恳谈会、业务推介会上，向当地党、政、军领导和大中型企业高层管理人员赠送刊有反映银行业务进展的报纸，这也是在向这批高层人士以及社会大众营销推介《海南特区报》，扩大该报在政界、经济界尤其是金融界的影响。最后，该报在为金融行业培养一批通讯员的同时，也壮大了该报的通讯员队伍。在目前海南报界新闻大战、发行大战的激烈竞争的环境下，能为其占据主动地位，起到一定的作用。

三、银报合作的发展取向

银报合作取得良好的效果，这是毋庸置疑的，但也存在不足及有待改善的地方。从客观上看，《海南特区报》在定位上、编排上、发行上受到诸多条件的制约，其影响力、受众面都受到很大的影响。就内部因素而言，银行借助这种银报合作方式，在营销策划上尚欠一个总体性的安排。因此，笔者就银报合作的发展取向提出如下建议：

1. 向空间拓展，形成一个银报、银台、银刊合作的立体化、多形式的宣传营销格局。目前，工行已同海南电视台图文频道签约（每年费用6万元），每日6个屏面滚动播出银行业务广告，银行还可同《海南画报》合作（每年费用约6万元），通过精美的彩色印制，提高我行宣传品的品位，这样有文、有图、有像、有声的营销，更能使受众对银行的形象和品牌印象深刻，发挥长期的潜移默化的作用。其次，银行明年可考虑增订100份《海南特区报》，赠予银行相关的企业和客户，使其影响力更大。

2. 向深度挖掘，提高银报合作的品位。一是共同努力办好银行的专版，力争做到版面最优化、编排专栏化，使之成为该报的最优版面、最佳文章；二是拓展反映银行风貌和业务、品牌的空间；三是提高银行通讯员的写作水平，培养一批骨干通讯员乃至专栏作者；四是组织该报评报小组，丰富职工的业余文化生活，提高银行员工的文化素质等。

一次网络营销的有益尝试^①

2003 年 6 月 20 日至 8 月 20 日，工行海南省分行与海南本地最大的综合性资讯和商务门户网站——"海南在线"（www. hainan. net）进行了一次有益的尝试，共同策划了"带着银行上大学"的网络媒体广告营销活动，取得预期效果。

一、基本情况

1. 主题与内容：主题为"带着银行上大学"，即这次网络媒体广告营销的目标对象为应届高考学生与其家长，以及网络访问率最高的在校大中学生（特别是暑假期间）。内容为网上银行、汇款直通车、牡丹卡等工行三项有针对性的品牌业务。这三项业务都与考生和家长为未来寄付与缴交学杂费、生活费密切相关，易被受众接受。

2. 广告形式：前 40 天在"海南在线"首页醒目位置作通栏广告，并以工行品牌"金融 e 通道"的标识作动画设计，拉出"带着银行上大学"的主题横幅；后 20 天在首页位置作按钮广告，在"海南在线"的"2003 年海南高考教育专题报道"专栏作通栏广告；在"海南在线"首页"在

---

① 2000 年世纪之交，是我国互联网发轫与蓬勃发展的初期，如何与时俱进利用互联网时效快、辐射广的特点，创新银行的策划与营销，成为银行策划公关的新课题。本文通过一次成功的案例，对此作了初步的尝试，并作为《中国城市金融》2003 年第 11 期的封面标题刊发，也被一些大学与培训机构作为传授"网络策划营销"课件的参考篇目。

本文作于 2003 年 9 月。

线通行证"栏红字刊出"工行抽奖问答"条目等。这些形式都作为广告具体内容的切入口，以利于提高点击率。

3. 点击情况：分三个层面，一是浏览层，这一层面至少知道工行在"海南在线"作了"带着银行上大学"的广告。据"海南在线"统计，其每月的访问量达1600万次，人次达440万（若包含"海南在线"的天涯社区栏目的访问量每月1000万人次，点击1.2亿次），则两个月点击量至少达3200万次。二是留意层，据"海南在线"计数器统计，进入广告内容的达30369人次，基本与本届海南省参加高考的考生相等。这一层面已经留意到工行广告当中的汇款直通车、网上银行、牡丹卡的品牌名称或更多内容。三是阅读层，通过有奖问答的形式，共收回有效答案3000件（一人限1件），说明有3000人仔细阅读了广告内容并做了选答题，这一层面的效果最好。

4. 费用情况：约14000元，其中付"海南在线"广告费8000元，抽奖费用约6000元（一等奖2张机票约2000元；二等奖5个，每人办理1张288元的灵通卡共计1440元；三等奖100个，每人1份纪念币礼盒约2000元）。

二、效益分析

1. 效果分析：首先，这是一次跨地域的工行品牌广告营销。从收到的有奖问答邮件地域结构来看，海南本省的邮件占65%，省外邮件占35%，涵盖我国大部分省份与地区，甚至还收到少量来自美国等国外网民的答题邮件，受众的覆盖面广。其次，营销成果已露端倪。据海南省分行信用卡中心的初步统计，仅 2003 年 6—7 月，牡丹贷记卡增量 2209 张，占 1—7 月增量的 53.95%；牡丹信用卡增量 544 张，占 1—7 月增量的 42.7%，其中办理父子卡 34 张，当中不无广告营销的作用。要说明的两个因素，一是 8 月的情况尚没有反映出来，二是广告营销有一个认知—认可—购买的进化过程，随着时间的推移，其效果会更加凸显。最后，工行在广告营销的目标客户群中获得较大的知名度和良好的美誉度。

2. 成本比较：与本省主流媒体《海南日报》、海南电视台广告和我行印制的宣传折页的三种投入作比较：第一，与《海南日报》相比，《海南日报》三类版面的 1/4 版商业广告 8 折的优惠价为 15600 元，其发行量近 10 万份，即使平均每份报纸的读者为 3 个，其浏览层类的受众也仅 30 万人，与网络媒体的浏览量不可类比，但报纸有版面感强的特点，容易引起读者的留意与阅读欲，相信投放 1/4 版的广告，留意层面的读者不会低于 1/10 即 3 万人，仔细阅读或参与抽奖活动的读者占 1%～2% 即 3000～6000 人。第二，与海南电视台综合频道（一频道）相比，我行与其财经节目有一个合作协议，即每天滚动播出 3 次 5 秒广告，免费制作 10 期 3～5 分钟我行营销节目，半年费用 5 万元，相当于正常广告价格的 2 折。即便如此，在"海南在线" 2 个月的广告费用，也仅相当于海南电视台 1 个月的广告费用。第三，与我行印制的宣传折页比较，印制一个品牌 3 万份的折页，需费用 8700 元，则 3 个品牌的印制费用 26100 元，可见网络营销仅占其费用的 1/2 左右。

三、几点启示

1. 银行应关注网络媒体的广告营销。据中国互联网信息中心第九次

《中国互联网发展状况统计报告》（2002年8月）分析，未来5年全球互联网用户将以年均35%的速度增长，中国的增幅为27.22%。2005年中国互联网用户将占世界的13.1%。中国互联网广告以年均113%的速度增长。我国上网用户人数约5910万人，用户平均每周上网时间3.2天、8.5小时，经常浏览网络广告的用户占16.5%，有时浏览的用户占48.3%。这是一种不可忽视的营销渠道，特别是在新浪、搜狐、网易等知名网站乃至联众游戏网站，上网用户和点击数量不可计数，具有投入少、影响大、见效快等其他媒体不可比拟的优势。

2. 网络媒体广告营销应选准定位。首先是营销对象定位。据"海南在线"网站分析，上网年龄层次，20岁以下占12%，20～35岁占63%，36～50岁占19%，50岁以上占6%；学历层次，高中文化以下占4%，高中（中专）7%，大学文化62%，大学以上为31%；按职业划分，企业中高级管理人员占32%，信息化决策人员11%，市场营销人员8%，工程技术人员23%，信息管理与服务人员14%，大专院校师生及其他为12%；按性别划分，男性占69%，女性为31%；按经济收入划分，没有收入者占5%，1000元以下26%，1000～1999元31%，2000～2499元11%，2500～2999元6%，3000元以上为9%，12%的网民的收入状况无法认定。（以上层次与划分的分析数据以"海南在线"注册会员成分统计，并非所有网上用户的情况）据此可以确定我行网络营销的重点对象应为20～35岁的年龄层，包括应届高考生和大学生、大学（含）以上学历人员、机关公务员与企业中高级管理人员、中级以上业务职称技术人员、经济收入1000元以上的网上用户。其次是营销的品牌定位。针对营销对象年轻、学历高、接受新观念和新鲜事物能力强、收入多的特点，应把营销重点放在网上银行、银行卡、企业与个人理财、个人消费贷款、银证通、代理保险、代购基金、个人炒汇等新品牌、新品种上面。

3. 网络媒体广告营销应趋长避短。网络媒体也有短肘之处：一是信息量大，离散性强，焦点难聚；二是约束的放逐，良莠不齐，确立诚信度的难度大。因此，应采取必要的措施，如开展有奖活动，提高网民的参与兴趣。据中国互联网信息中心统计分析，用户最能接受的网络广告形式依序为有奖活动61.2%，新闻信息45.8%，商品信息36.5%。我们这次的"带着银行上大学"的网络广告营销，采取有奖活动方式，效果较好。同时，要选择好时机和时间。我们针对高考生及家长查分与录取的迫切愿望，抓住时机开展有针对性的宣传营销，切入点选得较好，提高了点击率。另据"海南在线"分析，用户访问网站的时间密度为：0：00～8：00为6%，8：00～16：00为44%，16：00～24：00为50%。因此，在16：00～24：00的时段在网站开展的活动效果最好。再者，要充分利用多媒体、三维动画等网络技术，创新网络媒体广告营销的方式方法，增强营销效果。

平面广告、 软文广告、 信息与宣传报道[①]

银行如何利用媒体做好宣传营销工作，如何做到少投入多产出地利用媒体来发布营销金融产品信息？本文试图以《海南日报》平面广告、软文广告的价格与实例进行对比分析。

《海南日报》是省委机关报，是海南省主流媒体的首席代表与广告价格的"晴雨表"。2003 年其广告刊例主要分 4 个版面段，即一版（A 封面）、八版（A 封面）、九版（B 封面）、其他版（该报正刊为 16 版）；每个版面段又分为黑白（套红）、彩色两种价格，这样共有 8 个价位。其报眼（17.5×8cm）黑白价格 2.5 万元，彩色 3.5 万元；八版整版（35×48cm）黑白价格 11 万元，彩色 15 万元；其他版整版黑白 7.8 万元，套红 9 万元。

2003 年 6 月，《海南日报》创办"金融资讯"软文广告版，每个 5 号字 6 元，相当于平面广告 2/3 的价格，促销期间 5 折优惠，即相当于 1/3 的平面广告价格。

以下是工行海南省分行的四个实例：（1）2003 年 7 月 24 日 11 版刊登 1/4 版的信用卡不良透支催收公告，8 折收费 15600 元，平均每平方厘米 38.24 元；（2）在 2003 年 7 月 25 日 16 版的《金融资讯》栏目刊登

---

① 银行的广告与业务宣传都是有成本的，选择怎样的方式与载体做好这项工作，也要讲究投入产出的科学分析，力争达到"四两拨千斤"的效果。
本文作于 2003 年 9 月。

《理财金账户，贵宾式服务》的软文广告，2200 个 5 号字的篇幅，5 折收费 3900 元，平均每平方厘米 13.63 元；（3）1998 年 9 月 30 日《海南日报》头版头条加编者按刊登《加大信贷资金投入，力促海南经济增长》的报道我行举措的消息，是我行至今为此价值量最高的报道文章，其创造的价值可以抵上我行在五星级酒店举办一场高级别大型银企座谈会的费用；（4）2001 年 1 月 8 日《海南日报》在报眼位置刊登反映工行海南省分行"存款、贷款同步大幅增长"的报道，也相当于创造了 2 万元的价值。

上述四个实例留给我们的启示：

1. 作为一级法人的金融机构总行可以在中国主流媒体与世界主要金融媒体作银行整体的形象宣传，以期锦上添花。省分行以下分支机构不必或尽量控制在地方媒体上作付费有偿的形象性广告，而把广告费尽可能用在能直接创利收效的新的金融品牌的营销、不良资产处置上面。

2. 在平面广告（商业广告）与软文广告（优惠广告）之间，优先选择软文广告。软文广告具有收费优惠、受众易接受的特点。在制作软文广告时，创意、体裁、撰文、编排上尽可能去除或淡化广告色彩。《海南日报》"金融资讯"软文广告版开辟"业界动态"、"理财指南"、"点石成金"等专栏，减少受众对商业广告潜在的抵触感或警觉感，反映良好。

3. 鼓励媒体记者与银行员工积极采写反映银行经营管理情况的正面报道稿件。即使以一般版面的软文广告价值打 5 折计算，一位记者或员工发表 1 篇 1000 字的报道文章，就至少相当于创造了 3000 元的可见价值。

4. 向总行、人民银行省委、省政府以及省政府各部门报送政（行）务信息的工作同样不可忽视，因为这类信息有其特定的、高层的、具有一定决策权和监督权的读者群。经常向上级机关和有关部门反映工作进展情况，有利于塑造银行良好形象，增强银行与领导机关和有关部门的沟通联系，为争取系统客户、集团客户、大项目，拓展银行业务打下良好的基础。所以说，政务信息是一种"不用花钱的大广告"。

选准目标客户　创新策划营销①

——如何在大学生中营销网上银行

2004 年 2 月 28 日，工行儋州市支行组织了近 30 人的营销队伍，首次跨入华南热带农业大学和中国热带农业科学院（以下简称"两院"），针对在校大学生开展金融@家个人网上银行业务在线演示、现场营销活动，当日就有 121 位大学生注册金融@家账户。这次营销活动的亮点是：准确定位目标客户、周密策划营销方案、创新思路抓出实效，为日后整合我行业务营销提供了可资借鉴的经验。

一、有的放矢　准确定位目标客户

要成功营销一个金融产品，首先要把准这种产品的主要特点以及它的目标客户群，这样才能有的放矢，达到事半功倍的效果。那么，金融@家的主要特点就是中国工商银行为跟上信息化时代的步伐而开发出来的新一代个人网上银行，是除了存取现金之外的集银行、投资、理财于

---

① 这是笔者担任儋州市支行行长的第一个营销策划案例。时为银行网上银行业务"跑马圈地"激烈竞争的初始，我们首先选准在校大学生作为目标客户，其具有需求大（合适的产品）、易接受（合适的客户）、见效快（合适的时机）的良好条件，在此平台上，再经过精心策划，容易取得较佳的效果。

另当时笔者提出一个鼓励全行员工积极参与策划营销的经营理念，即"想出来，做出来，写出来，练出来"。由笔者以执笔、列提纲、点题后再作修改等方式，带动一批员工骨干积极出谋献策，撰写案例，还分别对案例的创造者与写作者给予奖励，其中还有一篇营销案例获得总行一年一度优秀信息案例奖。

本文与邱伟平（时为儋州市支行理财中心经理）合作，作于 2004 年 4 月。

一体的金融精品，能够为客户提供多层次、全方位、个性化、高度安全的在线个人金融服务。而对银行来说，这又是一种不需投入人力、财力、物力设立物理网点的虚拟银行，拓展业务不受区域、时空的限制，成本比仅占 1/3 以下，是众多银行必争的先机和制高点。看准了营销品种的目标后，接着就要细分市场。这就好像营销某一件商品，要思考其摆在百货大楼的哪一层哪一个专柜才能吸引特定的顾客和引起热销一样。金融@家客户的前提是要懂得使用电脑并能够方便地使用电脑。这部分客户往往是高知识、高收入或者高消费的社会阶层，如公务员、医生、老师、大中学生和企业高管等。尽管一个八九十岁的老太太是百万富翁，但如果她不会使用电脑，向其营销金融@家不啻对牛弹琴。相反，一位中学生乃至小学生，只要是电脑发烧友，我们都可以透过这些高消费的"小皇帝"背后的有钱的父母营销金融@家，也会收到意想不到的效果。

有三个因素让我们把营销金融@家的市场和客户目标定位在"两院"的大学生群。一个因素是 2 月初，中小学开课时，我行利用为全市 20 多家中小学代收学费的机会，搭配在中小学生当中开展"金融@家，为爸爸妈妈开家银行"的活动。尽管不少中小学生都酷爱玩电脑，营销的创意、目标对象都把握得较准。但由于以下原因，并没有达到预期的效果。（1）时机选择不对，刚开学报名，校方和班主任都忙于安排教学工作，无暇顾及别的事情。（2）中小学生消费群体相对于大学生来说自主意识不强，难以形成批量效果。（3）我行忙于代收学费，从营销策划到协调组织都显得捉襟见肘。尽管没有达到预期的效果，但却为这次的营销提供了可资借鉴的经验。另一个因素是我们到网点检查工作时，看到有 2 个年轻人主动到我行那大分理处注册金融@家账户，经交流了解，他们是"两院"的大学生，其中一位大学生写了一部点击率很高的网络小说，被一家书商看中，要买断他的版权出版发行。他注册个人网上银行后，书商只要把稿酬转到他的账户，他在网上认证后就能达成协议成交。这事激发了我们的一个灵感：把目标客户定位于大学生群，有大市场！就用大学生们身边这个成功的个案营销，有潜力！第三个因素是我行的"两院情结"。"两院"现有学生和教职员工2万多人，其中在校大学生1.2万人，3/4来自省外，拥有1600台上网电脑，每年仅大学生的学费和各种消费就有1亿多元，教学、科研费用3.6亿多元。现在"两院"在农行、建行、中行的存款有3亿多元。尽管工行上下齐心营销了十多年，但由于"两院"离儋州市有8公里，工行没有网点等主客观因素，我行一直吃不上其中的一块小小的"奶酪"。因此，企望寻找到一个切入点来打开缺口，由浅入深、由小到大拼抢这块诱人的市场，也是我们定位在"两院"营销金融@家的原动力。

二、量体裁衣 周密策划营销方案

看准了市场，盯住了目标客户，接下来就应该策划一套切实可行的营销方案了，这就是有谋则立——一条成功营销的原则。

针对营销目标客户，我们分了三个层面展开营销攻势。其一是高层面的营销。我们把住2003年"两院"拟在海口市建立分校，省分行几位领导同"两院"领导多次接触的契机，向"两院"领导提出在大学生中营销金融@家的设想，得到其首肯与支持。这一层面的营销宜删繁就简，着重宣传在大学生中开展这项营销活动利在大学生、益在工行、功在"两院"的道理，为营销活动扫清各种障碍。其二是管理层面的营销。我们利用半个月的时间，通过与"两院"中层管理人员有师生关系的我行员工，多次由行长、副行长带队与"两院"有关管理层商谈具体的营销细节，化解不利于我行营销的各种因素。刚开始，"两院"学生服务管理中心负责人依据学校的规定，不同意我行把这次营销活动安排在大学生公寓内，各种海报、宣传折页等资料也禁止入内。如果这样，在线演示、现场咨询活动就会大打折扣。但我们并不气馁，坚持做说服工作，中心的负责人松了口，提出如果要进入学生公寓区营销的话，必须经院方有关领导的同意。因为我们此前已经做好了高层面的营销工作，所以再请求院方有关部门领导给予支持，院方就顺理成章地破例为我行开具了一张"准入证明"。据悉，过去银行、保险、电信等部门的此类要求，都吃了"闭门羹"，我行是目前唯一准入营销的单位。其三是对目标对象的营销谋划。我们针对大学生好学上进和趋众心强的特点，培育营销"火种"，采取必要的鼓励措施，让学生去营销学生。特别是"两院"经贸学院学习营销专业的学生，我们鼓励他们把营销金融@家的工作当做学习本专业的一次实践活动，反响很好，积极性很高，他们表示不但要在同学中营销，还要做老师的工作。结果不到一个星期，"两院"就有2名教师来我行注册了金融@家账户；3月13日，又有26名大学生来我行注册金融@家账户。

抓好营销整合，不打无准备之仗。我们分三个阶段整合营销活动：一是准备阶段。首先是统一思想认识，让参加营销的业务骨干认识到对"两院"金融@家的营销，既是营销"两院"这个大户的"前哨战"，只许成功，不能失败，又是全行跨业务、跨网点的一盘棋整合营销的"第一块试验田"。其次是做好业务培训和营销技巧培训。2月初，我们对全行临柜人员进行了一次金融@家的在线培训,并参加了省分行统一组织的笔试。同时,要求全行每个员工都开立金融@家账户,亲自在网上操作一笔以上的业务,指定两位业务经理,先从各网点负责人开始,逐一进行在线操作考核,通过实际操作加深印象,巩固业务知识。2月27日,组织全体参加营销的人员统一宣传营销口径与步骤,用"两院"大学生身边的个案以及自己切身体会的方式统一开展营销活动。

二是行动阶段,精心安排,协调联动。在营销前几天,我们就与"两院"管理中心联系,把金融@家的350多张宣传折页送进学生公寓的房间;在学生公寓内的宣传栏上张贴7张"能把银行带在身边吗? 28日让工行告诉您"的带有悬念的海报;在学生公寓外的商业街上悬挂4条宣传横幅;营销当天又在现场摆放带有成功个案的宣传栏,以期达到先

在大学生社区营销网上银行,对时对路效果好

声夺人的效果。在营销现场，我们采取了现场解说与在线演示相结合，分发宣传折页和开展广告语评选征集活动相结合，赠送纪念品与现场登记开户相结合的做法，既造成了声势，又收到了实效。而广告语的征集评选活动，成为当天营销活动的一大亮点（详见附件）。事先，我行草拟了 12 条金融@家的广告语，发出 450 份征评表，凡参加征评的大学生，只要评中前 3 条选票最高的广告语，就可获得精美包装的纪念币一枚。同时，还请参加活动的大学生自拟广告语，评选出优秀广告语给予奖励。结果，收回了 156 张选票并征集了 68 条广告语。其中 8 人评中了 3 条热门广告语，28 人评中了其中的 2 条，我们都如约赠送了纪念币。我们还在大学生应征的广告语中选出 8 条赠送纪念品，对"金融@家，方便万家。"、"金融@家，网行天下！"广告语拟定者给予 100 元奖励，并上报省分行参评，既响应了省分行征集工行电子产品广告语活动的号召，又加强了营销目标对象对金融@家特点的认知度与认同度。我行在"两院"没有网点，是影响营销成效的不利因素。但我们采取整合联动的做法，按营销策划方案做好营销人员、后勤保障和网点服务联动，明确人员分工职责，统一安排调度，组织了行内外 4 部车辆，每趟往返 10 多公里，当天就把 121 位大学生运送到我行市区内的网点开立了金融@家账户，超出了预期的效果。

三是后续阶段。不管哪种营销，都没有一劳永逸的捷径。只有一鼓作气，深化营销，才能巩固和扩大营销效果。首先，我们把广告语的征集征评结果和奖品、赠品的兑现办法在学生公寓宣传栏公布，在目标客户当中树立工行言必行、行必果的良好形象。其次是拉长营销链，对已开立金融@家账户的学生做好跟踪服务。同时采取鼓励措施，让他们帮助我们在同学中营销金融@家，在老师中营销我行的牡丹信用卡业务。最后是不断总结提高。这项活动告一段落后，我们将当天的营销情况和效果、征集征评广告语活动写成两篇情况反映在省分行《网讯》上发表，还有一位员工写了1篇营销日记在省分行《网讯》上刊发，并整改成这篇营销个案的专题报告，为今后的营销积累经验教训，以期达到营销效益与企业文化建设的双丰收。

三、创新思路　试行项目首席执行经理制

按照常规，各项业务与金融品种的营销，往往是单位领导提出要求、做好部署，各部门和员工按部就班，员工属于被动营销的状态。这种状态的短处在于：一是缺乏"头脑风暴"，一个人或几个人的头脑毕竟比不上一群人的头脑策划得周全、严密、有创意；二是容易压抑，甚至扼杀员工参与营销的创意与积极性，不利于激发员工主人翁的意识；三是往往使我们的营销项目缺乏"守护人"和"协调人"的角色，造成职责不清，难以落到实处。

为此，在"两院"营销金融@家的活动中，我们开始试行营销项目首席执行经理制。支行确立营销项目，委任项目首席执行经理，由项目首席执行经理进行营销项目策划；策划方案一经批准通过，将由项目首席执行经理负责实施运作。项目首席执行经理有权支配、调用支行一切可供调配的资源。这次项目的首席执行经理制成为在线推介、演示活动的一大亮点，是一种创新。项目首席执行经理，由支行营业部一位业务熟悉、责任心强的副经理出任。金融@家在"两院"营销的成功案例，验证了我行实行营销项目首席执行经理制的做法是奏效的。作为主角的项目首席执行经理，从接到组织交给的任务的那一刻起，就不再是荣耀、职位的代名词，而是一种挑战、责任、压力；在线推介、演示活动的成败，不仅仅体现了一个人的能力，更重要的是体现了一个整体、一个银行的形象；这种责任感迫使项目首席执行经理义不容辞地履行职责，把工作做细、做深、做实、做好。例如，在这次活动中，涉及业务部门、营业网点、保障部门的协同配合问题，在方案的拟定、实施，人员的分工、调度与安排，密切与院校关系等一系列的工作中，项目首席执行经理起到了穿针引线的作用；又如，在方案实施的前期，学生服务管理中心的负责人对我行的在线推介、演示活动的态度是既不支持也不反对，经过项目首席执行经理所做的沟通以及大量工作后，为支持这次营销活动，学生服务管理中心负责人主动提出指派学生社团 5 名干部协助我们工作，并承诺在其职权范围内给予我方最大的帮助与支持。为防止营销工作中出现"雷声大雨点小"的尴尬局面，项目首席执行经理想出许多点子，如制作悬念性的宣传海报、现场受理注册等，取得了事半功倍的效果。

实行首席执行经理制的作用在于：（1）银行经营管理者的决策，能够得到最强力的执行。往常谈到客户营销时，往往是会上强调重要，事后敷衍塞责。有了成效众人都来分一杯羹，如果是一筹莫展，谁都没有责任。设立了首席执行经理后，他就是该项目的第一责任人，在其策划方案通过后，他就有权支配全行的人力、财力、物力，甚至可以协调组织行领导在营销中发挥"重要角色"的作用。在营销项目的执行中，做到有人想点子、有人管事务、有人写报告等。（2）有利于增强分工协助的营销团队意识。首席执行经理能够起到"调度室"的作用，支行各部门、各网点、各客户经理围绕一个营销目标分工协助，形成合力。（3）有利于发现和培养善谋划、善营销、善管理的营销能手。担任首席执行经理，既是对业务营销能力的考验，也是提高谋划管理能力的锻炼，假以时日，我们就能培养一批既懂得管理又懂得营销的业务骨干。

我们拟将项目首席执行经理制逐步推广应用到存款业务、贷款业务、中间业务和不良资产的压降盘活业务当中，一个项目一个项目地落实执行，抓一个项目成功一个项目，成功一个项目就不断总结，提高工行团队的整体营销素质。

附件1：工行金融@家广告语征集评选活动办法

各位朋友：

为了提高工行个人网上银行品牌金融@家的知名度，我行开展广告语征集评选活动，特选定在著名高等学府华南热带农业大学举行，欢迎参加。现将有关事项简介如下：

一、广告语要求：契合品牌内涵、展示品牌形象、体现品牌优势、语言形象生动。

二、品牌释义：金融@家，工行个人网上银行的品牌全名，英文Banking@Home，读作"金融@家"或"金融在家"，阐述了个人通过互联网在家进行金融活动的概念，表明在私人空间进行自助金融交易的含义。

三、您认为下面的广告语哪一条较好，请在序号上打（√），或者您自己投稿应征。您评选的广告语在本次活动评选的相对集中的前3条内的，将获得纪念币 1 枚。您应征的广告语，请附上您的地址、姓名与联系电话，我们为您上报上级评委会，一经入围奖励 100 元，一经采用奖励 500 元。

1. 金融@家　家中银行。

2. 金融@家　银行到家。

3. 除了存取现金，银行能办的金融@家都能办。

4. 金融@家，鼠标上的银行。

5. 金融@家，24 小时的银行，365 天的银行，海陆空的银行。

6. 哪里有网络，哪里就能找到金融@家。

7. 工行金融@家，可以手提的银行。

8. 有了金融@家，就能当爸爸妈妈的行长。

9. 24 小时的银行，365 天的银行、海陆空的银行，她就是工行的金融@家。

10. 谁能手提中国最大的银行？唯有工行金融@家。

11. 工行金融@家，网上服务到你家。

12. 无论白天黑夜，无论海角天涯，她都情愿伴着你，工行金融@家。

请您为金融@家写一条最好的广告语。

附件2："两院"大学生获奖应征广告语

1. 金融@家，网行天下！

2. 金融@家，方便万家。

3. 金融@家，网行天下，服务到家。

4. 金融@家，银行搬回家。

5. 工行金融@家，我们的贴身银行。

6. 金融@家，服务大家。

7. 金融在手中，万事好成功。

8. 如家般的温馨，如家般的自在——金融@家。

首席执行经理营销业绩分析①

    海南某医院是儋州地区一所大型综合医院，是工行重点营销的优质客户。由于行业归口等历史原因，该院与工行业务往来较少，在工行指定首席客户经理对其进行业务营销后，取得了明显的营销效果，提高了客户对工行的综合贡献度。截至 2004 年 6 月，该院在工行存款余额 320 万元，住房贷款余额 139 万元，1—6 月日均余额 249 万元。经测算，该客户对工行的综合贡献达 49604 元。

一、海南某医院与工行关系回顾及首席客户执行经理的确定

    海南某医院是一所集医疗、教学、科研、预防为一体的二级甲等综合医院，全院职工近 600 人，年营业额 4000 万元以上。由于系统归属等历史原因，该院一直在某行开立基本账户并发生业务，与工行的业务往来仅限于一些企事业单位的医疗费结算（在那大分理处开立结算账户），一年的业务发生额不到 100 万元，存款余额一般在 30 ~ 50 万元，与该单位营业额相比较，工行所占的业务份额是比较少的。

    为了介入该院，扩大工行的业务占比和市场份额，2004 年初，针对该院的实际情况，考虑到工行办公室某员工吴根波自小在该院长大，父亲还是院里的老领导，群众基础好，有亲和力，且该同志也有一定的营

---

    ① 本文着意探讨如何集中全行人力、物力、财力做好重点攻关项目或客户的营销与如何调动二线员工营销银行产品积极性这两个基层行行长经常碰到的问题。

    本文与简赞武（时为儋州市支行业务发展部经理）合作，作于 2004 年 7 月。

销攻关能力，容易打开局面，因此，行里决定由吴根波同志担任海南某医院攻关项目的首席客户执行经理，负责该院的业务营销和关系维护工作。

二、1—6月业务往来情况及综合贡献度分析

经过首席客户执行经理成功有效的营销努力，海南某医院与工行的业务往来及综合贡献度有了大幅的提升。1—6月，累计与工行发生业务30笔，金额近200万元，发放职工集资楼贷款68万元，至6月末，该院在工行存款余额320万元，住房贷款139万元。日均存款余额249万元。

根据工行目前各项业务现状，参考国际商业银行的通行做法（参见总行办公室工银办发［2004］300号《关于印发中国工商银行法人客户关系管理［CCRM］系统有关业务应用模型计算方法的通知》的文件），概算海南某医院2004年1—6月对工行的综合贡献：

（1）存款贡献＝日均存款余额×（1－存款准备金比率）×内部资金转移价格×占用期限＋日均存款余额×存款准备金比率×存款准备金利率×占用期限－（利息支出＋营运成本）＝24485元

（2）贷款贡献＝实收利息－资金成本－贷款实际损失－营运成本－营业税－印花税＝25119元

综合贡献＝存款贡献＋贷款贡献＝24485＋25119＝49604元

注：（1）存款贡献测算模型中内部资金转移价格的确定参照支行存款平均收益率计算。

（2）贷款贡献测算模型中内部资金转移价格的确定参照支行存款平均利率计算。

（3）为保密起见，具体数字略去。

三、本营销案例的启示

一是实行首席客户执行经理制，可以把责任、业务考核落到实处。首先是明确了责任，第一责任人就是首席客户执行经理，其可以根据具体客户的实际情况，提出可行的营销策略，报经上级领导审批后，就可以调动全行可资利用的人力、财力、物力资源来达到预期的营销目标，同时，还有责任随时关注客户的资金流向与账户变化情况，及时反馈信息，采取有效的营销措施。其次，参照国际商业银行的通行做法，科学地量化考核被营销客户对工行的综合贡献度，有利于考核首席客户执行经理以及相关联的营业网点、业务部门、相关责任人的营销业绩，做到考核科学，有据可依，奖惩分明，调动员工的积极性。以本案例计算，该客户的首席执行经理及相关营业网点、业务部门的营销业绩可以确定为：（1）存款增量＝日均存款－营销前日均存款（权当最高值）＝199万元；（2）存款增量贡献占比＝存款增量/日均存款＝4/5；（3）存款增量贡献＝存款贡献×存款增量贡献占比＝19588元；（4）贷款增量贡献＝贷款贡献×增量贷款÷总量贷款＝12288元；（5）存款与贷款增量贡献＝存款增量贡献＋贷款增量贡献＝19588＋12288＝31876元。也就是说，抛除如果不加大营销力度客户存款极可能还有流失的因素，工行实行首席客户经理制后，巩固和发展了客户关系，增加了该客户2004年上半年对工行的综合贡献度可以计量的就达到31876元。

二是选好首席客户执行经理是提高营销业绩的关键因素。一个客户或项目的首席执行经理，最起码应具备如下条件：第一是要有良好的职业道德品质和业务素质，能够代表工行值得信赖的、亲和的形象；第二是要有能够与营销对象协调沟通的能力，充分利用行内外的人力资源关系，将会得到事半功倍的效果。本案例的首席执行经理，其父亲是前任的被营销单位的主要领导，其从小又在被营销单位的环境中长大，拥有较深广的人脉关系，能够加快营销进程、加大营销成效。同时，其为行内的二线员工，总结其成功营销的案例，也将会在行内引发"羊群效应"，调动全员职工营销的积极性。

三是在存款贡献计算模型中，我们可以看出支行存款平均收益率，是决定存款贡献度的核心因素，而现实的存款平均收益率受制于全行的资产质量。设定上述模型中其他因素不变，若工行不良贷款率下降 10 个百分点（不良贷款下降 5000 万元，上存一年期定期），那么测算的存款平均收益率将提高 0.35 个百分点，该存款贡献也将达到 28026 元，贡献率提高 14 个百分点。

此外，随着时间的推移，该客户关系得到不断的巩固和发展，其对工行的综合贡献度将以乘数倍增。

做精　做细　做足[①]
——会议式营销案例分析

2004 年 5 月 19 日，儋州市支行在当地召开了一个"荔枝红了，储蓄存款超 5 亿元"的大客户座谈会。由于精心策划，细心组织，跟进营销，在社会各界引起较大的反响。同时，会后也发现了其中的疏忽纰漏。本文试图以这次座谈会为案例，结合过往经验，谈谈做好会议式营销的体会。

所谓会议式营销，指的是通过会议的形式，把客户集中起来进行银行（企业）产品宣传营销的较为广泛应用的一种营销方式。它的主要形式有开张仪式、签约仪式、庆功会、庆祝会、座谈会、品尝会等等。这种会议式营销相对于路演式营销、展销式营销、柜台式营销，有它的优劣势。概括起来，其一是声势大，但易散失，常有主办者会上雷声大、会后雨点小、参会者会上激动、会后不动之虞。其二是涉及面广，但缺乏个性。一次会议，可以邀请政界首脑、商界富贾、文化名流等参加，但难以做到人人畅所欲言，个个考虑周全，大多数与会者常有领了礼品陪开会之感。根据上述特点，主办者会前要精心策

---

① 银行常常通过各种银企座谈会、银政报告会等会议方式营销客户与产品，但又往往陷入"会上激动，会后不动"的尴尬境地。为此，如何做到会前精心准备，会中做足功夫，会后做细跟踪服务，需要同业者不断摸索与提升。

本文在总行《网讯》刊登后，被长春金融管理干部学院张红梅老师在《银行策划营销》课件中选为唯一的实践案例，向全国学员讲授。

本文作于 2004 年 7 月。

划，会中要细心安排，会后要留心跟踪，才能扬其所长，避其所短，达到预期的效果。

做精——会前精心策划

如果我们把会议式营销也当做是一出"营销大戏"来对待的话，会前的精心策划，不啻演出必备的"脚本"。

营销式会议的策划，重要的是把握好"五个选择"。

1. 时机的选择。早春二月，儋州市支行储蓄存款就突破了 5 亿元，但我们没有仓促行事，就是因为时机不适宜。首先是邀请来宾不合时机。春节刚过，节日氛围未散，元旦、春节旺季的生意要盘点，谁有心思开什么会？其次是存款增量不稳定。从 2 月到 5 月，5 亿元储蓄存款时上时下，徘徊波动，不能今天庆祝 5 亿元，明天就掉下 5 亿元，给大众造成我行浮夸躁动的不良感觉。其三是不打无准备之仗。准备不充分，仓促上阵，必有疏漏，势必影响会议营销的效果。因此，择天时，才能选地利、得人和。

2. 主题的选择。儋州市支行这次选择了"荔枝红了，储蓄存款超 5 亿元"的主题，形象鲜明，把"储蓄存款超 5 亿元"与"荔枝红了"联系起来，抽象的数字与具象的果实迭印在一块，自然会给与会者深刻的印象。这样，我们在会议上营销的工行品牌，也易于被与会者认可、接受。

3. 对象的选择。儋州市支行的 5 亿元储蓄存款，是由 16.4 万个储户的存款积累而成的。而这次座谈会邀请的来宾对象，都是在我行开立理财金账户或存款余额超过 30 万元的高端客户的代表，其作用是让与会者向社会传导这样一个信息：银行在为所有的客户做好标准化服务的基础上，将为高端客户实行贵宾式的差别化服务，并且向个人理财的深层次服务发展，以追求成本的最低化和效益的最大化。还有一类邀请对象是不能忽视的，就是当地的政要和上级领导。从某种意义上说，他们可以增强会议的感召力和凝聚力。这次会议中，儋州市常委曾令锦在讲话中高度评价了儋州市支行为当地经济发展作出的贡献，肯定了这次会议的主题。省分行副行长李淑云及个金部、银行卡部、办公室领导也作了发言。特别是李副行长借助座谈会带头营销了银行理财金账户、牡丹卡、金融@家等品牌，解答了与会者的提问，并当场承诺接纳理财金账户客户的意见，会后马上指派个金部、银行卡部负责人到白马井镇做是否安装自助银行的实地调查，在与会者中引起极大的反响。

4. 场地的选择。原先儋州市支行拟邀请与会者到支行办公大楼的8楼会议室举行座谈会，意在让来宾们通过支行一楼营业大厅时，现场感受工行分功能设置的营业场所的优越之处。但时值盛夏，8楼会议室未安空调，如果来宾气喘吁吁地爬上8楼，又得满身大汗，将会使座谈会的效果大打折扣。权宜之下，只好退而求其次，租借邮电宾馆的会议室，保证座谈会的效果。

5. 媒体的选择。一个座谈会的影响度是有限的，而通过媒体的正面传播，却能将这种影响在一定范围和时效上扩张与延伸。但媒体的选择又要与事件的大小相称。就如一家支行储蓄存款突破5亿元，在一个县级市可以算是一件大事，而在一个省却微不足道。因此，儋州市支行仅邀请了《儋州新闻》（周刊）、广播电视台的记者到会采访。会后，他们采写的新闻，除了在本媒体刊发外，还上送海南电视台播出，《海南金融》杂志和《城市金融报》也作了报道，达到了事半功倍的效果。

做细——会中细心安排

营销式会议，往往是比较松散的会议。既要保证被邀请者都准时到会，也要让其对议题感兴趣、有共鸣，不中途退场，这就需要会议组织者细心安排，我们的体会是抓好"四个落实"。

1. 落实邀请嘉宾参会。这次座谈会的时间定在星期三上午 9 时，我们便通过五个环节抓落实。一是确定"一对一"邀请名单。我们把邀请的嘉宾分解到各部门、各网点，再由这些单位根据嘉宾名单列出联系电话和我们"一对一"的具体联系人，这是基础。二是电话邀请。星期一由我们的对接联系人同邀请对象联系，简介会议主题、时间，确认能否参会。如个别不能参会，及时调整对象，保证会议人数有一定的规模。三是请柬邀请。星期二，我们由客户经理将正式请柬送达被邀请人手中，两次告知开会时间与确认到会事项。四是电话提醒。星期三在开会一个小时前再次打电话提醒被邀请者准时赴会。五是做好报到接待。由我行的对接人员负责接待赴会嘉宾，引领其报到，确认其位置，既做到热情接待，又避免赴会者一时找不到熟悉者的尴尬和被冷落感。这次会议我们邀请了 56 位理财金账户和 30 位存款大户嘉宾，实际到会人数 81 人，到会率达 94.18%。

2. 落实会议议程安排。关键是把握好会议内容和时间安排，以简洁、紧凑、新颖、务实为上策。特别是时间的把握，过短言不达意，劳师动众而收效甚微；过长，则众心涣散，适得其反。因此，我们把这次会议时间掌握在90分钟左右。在这有限的时间里，既要介绍参会的领导、来宾，又要安排我行理财业务和银行保险的推介；既要让来宾的代表发言，又要让上级行的领导解答大家的问题。所以我们预先让客户经理——告诉来宾，每人发言时间在3~5分钟，尽量避免个别来宾借助这次座谈会的舞台过多地推介自己企业的形象或推销自己企业的产品，冲淡这次座谈会的主题。笔者曾经组织过一次中秋银企座谈会，就发生过一家企业的总经理，在这种场合的会议上借台唱戏，花费半小时大谈特谈企业的形象和发展过程，削弱了会议主题，使会议显得拖沓松散。前车之鉴，只有细心安排，才能避免重复这样的低级失误。

3. 落实各种会务工作。一是会场布置，100人以下的中小型规模的会议，适合布置圆桌型会场，让大家都能面对面洽谈，缩短主宾距离；如果是几百人以上的大型会议，则以扇面形会场为妥。二是座位安排。这种营销会议，除特邀的党政领导和行业首脑外，其余来宾是不分主次而对等的。如果安排不好，会造成两种不良后果，要么是会场座位零星不齐，影响视觉效果，要么是怠慢了先来的嘉宾，引发部分来宾的逆反心理，削弱了营销效果。我们的做法是：先确定特邀领导、嘉宾的座位，其余的来宾按到场的先后顺序，先引导其到中心位置就坐，以此类推，使会场有个紧凑的视觉效果。如果事先已印制好来宾的名牌，先不忙于摆在座位上。最好的做法是放在报到台前。来宾来报到一个就对应地取其名牌，从会场中心位置向外依次就坐，既合乎先来后到的传统心理，又能让会场紧凑且显得井井有条。三是音响、投影的调试。这些工作，都应该提前半天以上做好准备，以防届时出错而措手不及。四是茶水、饮料、纸笔文具的准备，要按规则摆放。这次会议我们摆放了印有工行 CI 形象标识的纸杯、信笺，小看不起眼，纵览让人有一种规范、大气的感觉，增加了与会者的尊贵感和新鲜感，自然也就增强了会议的现场效果。五是礼品和宣传品的发放。把与会议主题相契合的宣传资料夹在礼品袋里，让与会者在会议之余（甚至会上）阅读，接受的力度更大。六是摄影、拍照的安排等等。

做足——会后留心跟踪

"会上激动，会后不动"，往往是各种各样会议的一个通病，营销式的会议，这种现象更严重。因此，抓好会后的跟踪营销，是巩固和发展营销式会议成果的有效途径。对此，我们要着重抓好"四个跟踪"。

1. 会议报道跟踪。营销式会议的时间、空间、参会人员总是极其有限的，而会议的跟踪报道却能起到扬长避短、取长补短的效果。1998 年 9 月 29 日，工行海南省分行在海口金海岸大酒店召开了一次优质服务大型银企座谈会，省分行行长在会上郑重承诺，当年第四季度投放 10 亿元贷款，重点支持海南省基础设施和重点项目建设。第二天《海南日报》头版头条刊发了这条消息，引起了轰动效应。一时间工行加大投资力度，送贷上门的优质服务举措传遍全省社会各层面，会后各种咨询电话接踵而至。有人还算过一笔账，仅以《海南日报》版面广告费计算，有形的价值就相当于做了 10 万元的广告，而无形的形象价值还不计在其内。可以说，会议报道跟踪，报道媒体的级别越高，影响度越大；版面安排越好，美誉度越高；追踪深度越深，营销的效果越强，而且还能外延会议的时间、参会的人员和营销的内容等等。这次座谈会，我们邀请当地媒体作了报道，会后，海南电视台、《城市金融报》、《儋州新闻报》、儋州市广播电视台等都作了相关报道，省分行《网讯》也连发了 4 篇短讯和专题报道，收到了一定的效果。

2. 会议承诺跟踪。我们抓了两项会议承诺的追踪：一是参加会议的省分行副行长李淑云听取了来宾的意见和建议后，当场表示可以考虑在白马井镇安装 ATM，以解决当地非营业时间不能取现的问题。当天上午会议结束后，我们就按照李副行长的要求，由支行行长陪同个人金融业务部、银行卡业务部负责人到离儋州市区 60 公里的白马井镇作实地调查，并作出可行性决定。银行这种言必信、信必行、行必果的工作作风和服务理念，使银行信誉大增。二是支行行长在会上给到会的来宾分发的优质服务卡，承诺为这些高端客户提供 24 小时的热线服务。会后两天内，由支行行长和个金部经理到未能参加座谈会的邀请嘉宾家中走访客户、营销产品也受到未能参与会议的嘉宾的好评。

3. 会议信息跟踪。儋州市总商会会长在座谈会上提供了外来企业到儋州市投资的信息，请求银行在投资服务中心提供现场办公服务。次日，支行几位行长就到投资服务中心了解了情况。

4. 会议效果跟踪。会议效果的好坏，才是衡量营销式会议成功与否的唯一标准。在会后的一段时间内，我行不断跟踪个人金融业务指标的完成情况。特别是储蓄存款，会前余额在 5 亿元上下波动 4 次都不能稳定下来，而会后 2 个月的时间里，其余额巩固在 5 亿元以上，而且还经常上升到 5.1 亿元，当地同业市场增量占比跃上第一位。同时，为了扩大会议效果，我们还配合海南省妇联在儋州市召开"美德在农家"现场会，自创自演了《荔枝红了》的话剧小品，巧妙地把银行个人金融业务品牌营销寄寓在谐趣幽默的小品艺术当中，成功地参加了演出并获得好评，取得良好效果。通过我行客户的关联关系和后期跟踪营销，又引来了新的投资客户，增加了对公存款。

　　这种精心策划的营销式会议在儋州市支行还不多见，在会议的组织过程当中还存在纰漏和欠缺之处。比如说，把会议议程的顺序颠倒一下，让嘉宾先发表意见或建议，则更能体现我行以客户为中心的服务理念，同时也开创反客为主的营销式会议的先河，更会收到意想不到的效果等，这些都值得我们今后借鉴和改进。

网络营销 "汇财通" 的成功经验[①]

"汇财通"业务是海南省分行创新的个人外汇可终止理财产品。由于收益高，受到客户青睐，在同业中有较强的竞争力。但儋州市支行拥有的客户和外汇存款资源有限，其外汇存款仅占全省工行系统的0.3%，在当地同业的市场占比也仅有8%。然而，该行在业务营销中大胆创新，多措并举，在仅10天的时间内，成功营销8.8万美元的"汇财通"产品，完成任务率在全省工行系统名列第一，其完成绝对额也占2.24%。其中，该行通过互联网进行"汇财通"产品营销，挖掘了网络营销成功的"第一桶金"，为今后拓展网络营销开辟了一条新路子。

2004年8月19日，该行客户经理根据"汇财通"产品的特点，在现有持外币存款（现钞）的客户资源中筛选、物色目标客户，最终确定了地处儋州市内的某顾客，作为网络营销的目标客户。客户经理借助互联网，以电子邮件的方式，将事先准备好的"汇财通产品推介"和"工行某经理给您的理财建议书"，一同发送到某顾客的电子信箱。同时，又通过电话告知某顾客有一封电子邮件，请其接收。次日，某顾客携带有关证件、资料主动到营业网点认购了1.46万美元的"汇财通"产品，网络营销额占该行销售额的16.5%。

---

① 利用网络营销银行新产品，课题新，手段新，经验新，因而该篇案例被总行评为2004年度最佳信息奖。

本文与邱伟平合作，作于2004年8月。

网络营销是银行客户经理借助互联网信息高速公路，不受时间限制，可跨区域有针对性地为目标客户提供差别化、个性化的金融服务的营销方式。客户经理通过人机对话，以电子邮件的方式，与客户进行信息互换，以提高营销工作效率。其目的是：银行在最大限度满足客户需求的同时，实现自身利益的最大化。这个网络营销案例给我们如下启示：

一、营销成本最低

将金融产品的主要特点、收益的有关情况等内容发送到客户的电子邮箱，并通过电话或手机短信的方式回访、征求客户的意见，其营销费用非常便宜。以网络营销"汇财通"为例，发一封电子邮件、打一个市话的费用不超过人民币 0.5 元，与上门营销、电话营销的费用相比优势凸显，是非常廉价的营销方法。

二、实现一对一的定向服务，即为特定客户营销特定的金融产品

做好高端客户关系的维护工作，与客户建立相互信任的良好关系、建立完整的客户信息台账是网络营销的前提条件。网络营销是客户最容易接受的营销方式，无须占用客户专门约定的时间，可减少客户往返银行的时间和费用，是"无障碍的营销"。所以，银行通过网络营销把触角伸展到无工行物理网点的区域，对目标客户进行渗透式、辐射式的营销，既能把银行的服务和产品送到客户的身边，使客户真正享受到银行提供的前所未有的一对一的、个性化的、差别化的优质服务；同时，客户通过互联网主动地、随时随地向银行提出服务和业务方面的需求及反馈意见，又能实现真正意义上的一对一差别服务。这次的网络营销，客户经

理在客户关系的日常维护中做了大量的工作。目标客户原本是本行的客户，负责该客户的客户经理通过定期上门回访客户，以及电子邮件、电话、手机短信与客户保持经常性的、密切的联系；关注、了解客户的需求，并根据客户的特点、性格、偏好，及时提供理财建议和计划，为网络营销创造了宽松的环境。

能够接受网络营销的客户，大多为高收入、高素质、需要特定理财产品的客户，他们是银行必须重点保护和留住的客户。因此，网络营销是一种温和式的营销方式，是银行借助互联网主动接近营销目标客户，并有目的、有针对性地进行的营销。针对案例中的目标客户，客户经理就是根据客户的性格、偏好等特点，专门为其量身定做特定的金融产品，因而客户较容易接受。

三、为捆绑营销拉长了链条

网络营销就是将"信息从知情者传播到不知情者"，许多潜在的高端客户都是理财的不知情者。他们常常昼夜不分地忙于工作，但是他们都有一个共同点——最怕别人上门打扰，同时又最迫切需要理财。因此，网络营销可以避免客户经理上门营销吃"闭门羹"的尴尬局面，还可以同时对多个同类型的客户进行同步营销，即将相同的信息传播给不同的客户。当客户决定投资（购买）某一金融产品时，客户经理就可以将别的金融产品同时进行捆绑营销，如理财金账户捆绑营销金融@家、银证通、银证转账、基金、保险等业务品种，或者一种产品与其他产品组合性营销，实现"1＋1"或"买一送二、送三"的链式营销，使产品贡献度实现最大化，即以最小的营销投入实现最大化的回报。例如，通过这次成功的网络营销，我行客户经理和客户进一步确立了互信关系，该客户还表示有意办理"网银炒股"业务，为我行日后的捆绑式、链式营销留下了较大的空间。

四、拓展了营销的时空、目标对象

网络营销是由被动式的营销变主动式的营销，它替代客户经理冲锋陷阵，上门进行主动营销，其最大优点是不受时间、空间的限制，营销的目标对象也不受场地或人力不足的限制，再配以我行全功能银行网络的先进手段，不失为一种新型的营销手段，需要我们不断摸索与改进。

自助服务也要着力引导与营销^①

2004 年 7 月 13 日，儋州市支行在渔港白马井镇安装使用了全镇第一台自动柜员机（ATM）。至当年 8 月 31 日，仅 1 个半月时间就取得了骄人的成绩：（1）安装 ATM 仅 5 天，日业务量突破 100 笔（8 月日均 208.6 笔）；（2）在总业务笔数、取现总笔数、总金额、取现金额和开机率 5 项考核指标中，有 2 项指标（取现金额、总金额）跃居该行 7 台 ATM 榜首，2 项指标位居第二，其中成交总金额在全省 162 台 ATM 中居 24 位；（3）7—8 月新增牡丹灵通卡 630 张，为当年 1—6 月新增量的 136%，为平常增量的 4 倍。

抓准市场定位，着力引导营销，上下协调联动，是这次 ATM 自助服务营销成功的关键所在。

一、抓准市场定位

主要解决有没有必要在远离儋州市区 60 公里的一个渔镇安装 ATM 的问题。此前，外界听闻工行白马井分理处要撤销，致使该分理处各项业务受较大影响。网点都要撤并，再安 ATM 还有必要吗？对此，该行对当

---

① 在银行的自助设备与自助网点普及初期，相当多的一部分客户对自助服务存在"不懂用、不敢用与不想用"的现象，一方面造成银行投入巨资购置的自助设备的闲置，另一方面也直接造成银行柜面应接不暇和客户排长队的压力。本文总结探讨引导客户积极参与自助服务的方法措施。

本文与苏海鸥（时为儋州市支行白马井办事处主任）合作，作于 2004 年 9 月。

地市场做了调查并做出如下判断。

1. 当地市场需要安装 ATM。首先，白马井镇是儋州市 17 个乡镇中经济较发达地区，镇上有 4 万人口，工行、农行、农信社和邮政储蓄所 4 家金融机构共有 2 亿元存款；其次，该镇又是全省屈指可数的几个中心渔港之一，渔港贸易跨省、跨境；最后，该镇与洋浦开发区隔海相望，仅有 600 米的隔海距离，洋浦开发区大项目的陆续启动可对该镇产生直接的辐射作用，然而，全镇 4 家金融机构却没有安装 1 台 ATM，给丰富的市场留下一片空白。

2. 增加我行的中间业务收入需要安装 ATM。工行抢先在白马井镇安装第一台 ATM，不但可满足持牡丹卡的客户 24 小时取现、转账、查询等需要，而且还可通过银联网络为持有除牡丹卡以外的各种银行卡、信用卡的客户服务，增加中间业务收入。据统计，该分理处 ATM 45 天共办理跨行业务 1338 笔，增加中间业务收入 1072 元。

3. 提升我行的信誉和竞争力需要安装 ATM。2004 年 5 月 19 日，儋州市支行召开了以"荔枝红了，储蓄存款超 5 亿了"为主题的个人金融高端客户座谈会，白马井镇的几个理财金账户的贵宾在座谈会上强烈要求在该镇安装 ATM，以满足他们的不时之需。参加会议的省分行副行长李淑云当场承诺实现他们的愿望。工行这种言必行、行必果的诚信精神和作风，在当地引起了较大的反响。同时，在白马井分理处安装 ATM，可以打消客户怕白马井分理处要撤并而不敢存款的心理顾虑，巩固客户对工行的信赖。

二、着力引导营销

1. 广告宣传。一是在街道和码头分两次悬挂横幅广告。安装 ATM 之初，该行打出有工行标识的"咱们白马井镇有了第一家 24 小时不关门的自助银行"广告，8 月 1 日休渔期满后，再亮出"开海了！财来了！工行自助银行 24 小时为您服务"的广告横幅，道出了渔港人的心声，又宣传了工行 ATM 的服务功能，有广泛的认同感和较强的广告撞击力。二是在白马井镇的闭路电视上做广告。三是印制了 3000 份《白马井分理处开展使用自动取款机办理业务宣传月活动简介》的宣传折页，由分理处员工佩戴工行绶带到各酒家、旅店、码头、商铺和各单位发放，这种上门宣传营销的方式在当地较为鲜见，受到普遍的好评，使工行在白马井镇安装第一台 ATM 的事情家喻户晓、人尽皆知。

2. 机前引导。这是白马井分理处成功营销 ATM 自助服务的一条最关键的措施。在营销月期间，不当班的 2 名员工主动放弃休息时间，佩戴工行绶带在 ATM 前引导客户办理牡丹灵通卡，指导客户在 ATM 上办理各项业务，耐心解答客户的各种咨询，取得了明显的效果。特别是在 ATM 上办理转账业务成为一大亮点。据统计，安装 ATM 伊始的 7 月中旬至 8 月底，就办理了 160 笔转账业务，总金额达 132 万元，成为全省转账金额最大的 ATM，从此使该分理处的 ATM 成交总金额一跃排在全省第 24 位，位居儋州市支行 7 台 ATM 之首。同时，还在营业厅的玻璃窗贴上"2000 元以下取现请在 ATM 上自助服务"的温馨提示，以缓解柜台压力。

3. 有奖促销。为激励当地客户使用 ATM 自助服务，增强营销效果，该行还开展了有奖促销活动，即在营销月期间，每个客户在 ATM 上办理业务 10 笔以上（每笔 200 元以上）的，凭"客户通知单"可领取一份精美包装的纪念币礼品。据统计，该分理处在此期间共发行赠品 87 份。同时，从该 ATM 取现的情况看，8 月平均每笔取现 550 元，没有人为的刷卡获赠品现象，可见该活动起到了明显的引导作用。

4. 反馈激励。在营销月期间，白马井分理处每日从机上统计业务情况和办理牡丹灵通卡的情况，支行也从省分行的 ATM 信息网上掌握该分理处 ATM 在全省的业务排序情况，对分理处营销举措和成果及时给予表扬鼓励，从而调动大家营销的积极性。

三、上下协调联动

省分行领导关注，科技、个金、银行卡、保卫部门和琼海市支行与儋州市支行的上下联动与横向联动，为这次 ATM 自助服务营销奠定了坚实的基础，既体现了省分行为基层行服务、二级为一线服务的精神，又凸显了工行上下协调整合形成的强大竞争力。

1. 省分行领导的支持与关注。2004 年 5 月 19 日，省分行副行长李淑云到儋州市支行参加个金高端客户座谈会，倾听白马井镇理财金账户客户的意见后，当天责成省分行个金、银行卡部负责人和儋州市支行行长来回赶了 120 公里路程到白马井镇，对其市场作了现场调查。回到省分行后，李副行长还多次过问 ATM 的安装使用情况。工行领导这种言必行、行必果的诚信精神，客户奔走相告，起到了外塑工行形象、内增协调合力的作用。

2. 省分行相关部门的指导服务。个金部及时从现有的 ATM 中调配，银行卡、科技部门及时给予业务、技术上的指导、服务，保卫部门及时派出施工人员安装监控设备，为白马井分理处安装 ATM 开辟了绿色通道。

3. 琼海市支行顾全大局。白马井分理处安装的 ATM，是从琼海市支行在博鳌金海岸大酒店安装的机器调配过来的。琼海市支行主动派员向酒店说明情况，积极配合移交、搬迁工作，体现了服从大局的工行团队精神。

4. 儋州市支行个金部、办公室和白马井分理处积极配合。个金部和科技部人员前后奔忙了两天，自己搬迁机器，自己安装程序，中午不休息，一直拖到晚上 9 点多才用晚餐，终于抢先在白马井镇安装了第一台 ATM。另外，值得肯定的是白马井分理处的主任，在营销活动中起到首席执行经理的作用，带领全分理处的人员，连续 1 个多月引导营销，取得了良好的开端。

附件：儋州白马井分理处 ATM 业务统计分析报告

2005 年前 3 个月，儋州市支行白马井分理处 ATM 的每月单机交易总金额均名列全省工行系统 178 台 ATM 之首。尤以 3 月为甚：成交总金额 1970.45 万元，日均 63.56 万元，为名列第二位的 ATM 的 4.2 倍。为此，我们提取该机 3 月的业务统计数字：取款总笔数 3640 笔，取现 229.38 万元；转账 350 笔，计 1741.07 万元；查询 3238 笔，修改密码 16 笔；全月总笔数 7763 笔，交易总金额 1970.45 万元。由此可见，该机的转账业务是其交易总金额遥遥领先的主要因素，转账金额占其总额的 88.36%。

　　那么，在该机转账业务中，客户结构、交易结构和客户转账的动机如何呢？

　　首先，在 350 笔转账业务当中，单笔转账 5 万～10 万元的共有 56 笔，转账金额 337 万元；10 万元以上的 65 笔，转账金额 959 万元。两项合计的总笔数占转账总笔数的 34.57%，而金额却占总金额的 74.44%。

　　其次，从客户结构来看，5 万～10 万元的转账客户中，我行理财金账户客户 37 笔，占 66%；10 万元以上的理财金账户客户转账 52 笔，占 80%。综合上述分析可见，在 ATM 上进行大额转账业务的绝大多数都是我行的高端客户。

　　再次，因为白马井镇为我省的渔业重镇，所以转账交易结构主要以渔货、燃料和通信三大成分为主。

　　最后，白马井镇为何有在 ATM 上大额转账的市场？客户的主要动机有两点：第一，ATM（包括自助终端机）有 24 小时全天候服务的特点，而渔港的交易大多在银行下班后的黄昏时分，在 ATM 上交易给客户之间提供了两个便利：一是省却了在银行柜台排队等候办理业务的不便；二是免除了银行下班后或节假日不办对公业务（工行海南省分行可在双休日办理对公业务，其他则不然）的后顾之忧。第二，客户巧妙地利用了我行 ATM 同城转账暂不收费的空隙，图减少成本之利。

　　据此，我行可以因势利导，加大 ATM 业务宣传营销力度，减轻我行因网点精简后造成的柜台压力。同时，及时发现和堵塞经营管理的漏洞，增加我行效益。特此建议如下：

1. 将白马井分理处 ATM 的营运状况整理成成功的营销案例，将理财金账户和私营、民营企业经理人作为目标营销对象，如果再让其中的受益者作现身体会推介，将会取得事半功倍的效果。

2. 加强柜台外的现场介绍和演示，扩大使用 ATM 的客户群。特别是在柜台压力高峰期进行客户的分流，易被客户所接受。

3. 在 ATM 上的同城转账业务，可以比照省分行的规定，收取一定的转账手续费，以增加我行的中间业务收入。而对于理财金账户这类高端客户可以设定标准，作一定的减免，以弥补我们在这方面经营管理的漏洞。

宣传折页的文化品位[①]

——工行上海市分行三组系列业务宣传折页封面设计赏析

最近，笔者有幸收藏到工行上海市分行印制的《国际业务服务》、《个人住房贷款系列》、《现金管理服务系列》三套业务宣传折页，撇开折页宣传的内容不说，单就折页封面的设计而言，透出一股中国传统文化的意蕴和图文并茂、相辅相成、余味隽永的和谐，仿佛与几位有文化、

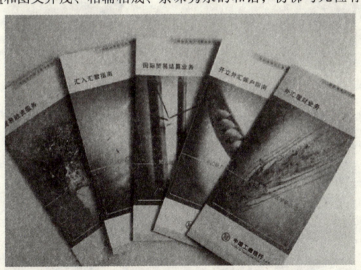

中国工商银行上海市分行业务宣传折页之一

---

① 2005年初春，笔者带队到上海银行考察学习，在营业网点看到两组颇有文化品位与国情特色的银行业务宣传折页，是笔者收藏银行折页难得一见的珍品，随后与上海的同行对此作了交流，受益匪浅，本文为学习的心得体会。

本文作于2005年4月。

中国工商银行上海市分行业务宣传折页之二

中国工商银行上海市分行业务宣传折页之三

有气质的文人志士相会，给人一种清新高雅、赏心悦目的感觉，是笔者收藏众多的宣传折页当中鲜见的精品。

"国际业务服务"这组系列的折页封面，以绿色环保为主色调，以5种植物作为5项国际业务特色品牌的形象代表：国际贸易结算业务的喻体是节节向上的竹子——"贸易结算，节节迈上高枝"（广告语）；贸易融资服务的象征是一棵高大挺拔的大树——"贸易融资，融出枝繁叶茂"；以一枝扬花结籽的麦穗来比喻外汇理财业务恰如其分——"外汇理财，理出丰硕未来"；子粒饱满的豆荚带有对开立外汇账户的客户美好的祝愿——"外汇账户，户户各有其位"；而以蒲公英自由自在地飞翔隐喻境外汇款的快捷与方便——"境外汇款，汇款风行无阻"。这组折页封面，图增文采，文点图睛，与所宣传营销的品牌业务贴切巧妙地融会在一起，既给人了解掌握金融知识的实惠，又使人领略到高雅文化品味的美感。

"个人住房贷款系列"和"现金管理服务系列"除有上述创意的异曲同工之妙外，还多了一层中国传统文化的意蕴。前者的封面设计以金黄色调的江淮人家等具有中国特色的楼房民居为背景，加盖上一个特写的红色的方块字，而妙就妙在这个凸显的方块字既是业务宣传折页内容的点睛之笔，如"二手房贷款"之"二手交易，一举两得"的"两"字；"转按揭贷款"之"自主转向，灵活机动"的"转"字等等，又在点睛之字上点缀了中国传统特色的剪纸艺术，如"加按揭贷款"点睛的"加"字右边的"口"，是剪纸的一个算盘，隐喻银行的经典服务，乃为锦上添花之妙。后者则以编钟、宫门、古瓷碗、御扇等国宝做图案，象征工行提供的现金管理服务的经典权威、成熟精心与方便周到，都有可圈可点之处。

综观时下的银行与其他企业印制的宣传营销折页，具有浓郁的文化品位的不多，而将这种文化品位与所需要宣传营销的品牌有机地融合起来，提升品牌的大众认知感、趋同感者更为鲜见。因此，赏析这几组较有文化品位的折页，或许会对银行企业尤其是广告业者一些启迪。

国债销售与揽存稳存双赢的 "临床试验"[①]

能不能做到既销售国债，又不会严重分流本行存款、影响市场同业占比，提高经营效益？这是一直困扰我们的经营管理和业务营销思路的问题。为此，儋州市支行在省分行领导和机构业务部、个人金融业务部的指导支持下，于2005年4月作了一次国债销售的"临床试验"，为解决这一问题提供了翔实的依据和有益的实践经验。

一、"临床试验"的基本情况

2005年二、三期国债。省分行原给儋州市支行销售计划300万元，后经申请追加至900万元，其中3年期700万元，5年期200万元。从4月10日至20日，除留下部分预约的外，其余全部售罄，销售额占全省系统的4.73%，而同期儋州市支行储蓄存款余额仅占全省系统的3.64%，为历次国债销售占比最高的一次。

从儋州市支行2005年4月10日至20日储蓄存款的余额变化情况来看，国债的销售对我行同期的储蓄存款的影响并不大，更没有被严重分流的现象，反而还略有增加（见表1）。

[①] 不少基层行的行长往往片面注重经营业绩的考核，担心国债与理财产品销售过多，会影响核心考核指标之一的存款的下降，其实与商业银行的经营理念有所偏差。本文试图以实战个案，探讨解决这一难题的思路与方法。

本文与邱伟平合作，作于2005年4月。

表1　　2005 年 4 月 10 日至 20 日国债销售与储蓄存款关联统计表

单位：万元

存款种类	国债销售前余额（10 日）	国债销售后余额（20 日）
活期储蓄	26345	26348
定期储蓄	26493	26522
合计	52838	52870（增加 32）

从购买国债的客户结构和资金结构上来看，据调查统计，购买本期国债的资金大多为本地的个人存款，但也有少量外地客户（如从海口市、广东省汇款购买）通过亲戚购买。持现金购买的占 85.6%，国债到期转存或基金赎回购买的占 8.3%，本行存款购买的占 6%（见表 2）。

表2　　2005 年代理凭证式国债（二期）销售、预售情况统计表

单位：万元

项目	本期国债销售量		其中：3 年期销售量		其中：5 年期销售量	
	销售户数	销售额	销售户数	销售额	销售户数	销售额
工行储蓄存款购买	13	53.8	7	32.8	6	21
工行国债转存或基金赎回购买	10	72.9	8	62.9	2	10
客户自有资金或其他商业银行资金购买	59	751.3	53	604.3	6	147
合计	82	878	68	700	14	178

注：3 年期 144 万元未售，已预售给房管局 100 万元，农保局 20 万元，理财金客户 24 万元，全部为他行存款认购。5 年期 30 万元已预售，从广州汇款未到。

为了核实这个统计报表的真实性，我们让各网点将这次销售国债的情况按户名逐笔上报到支行理财中心统计与核对，结果仍发现个别网点让客户从本行别的网点提取现金来购买的不良现象，但总额不多，仅15万元。即便把这个因素加权进去计算，本行存款分流仅7.8%，再加上本行客户到期的国债转存与基金赎回购买，也仅占其销售总额的16.1%。

可见，这次"临床试验"的效果是比较理想的。

二、营销的基本做法

其一，引导各网点负责人和营销人员树立正确的市场观和营销观。刚开始，部分网点负责人对国债销售存有既爱又怕的心理负担，担心销售国债分流本网点的存款影响其绩效考核，又担心不销售国债会流失部分高端客户。为此，我们把国债销售喻为"双刃剑"，正面，理念正确，营销得当，既不会分流存款，又能增加中间业务收入，吸引我行的高端客户；负面，顾虑重重，无开拓进取精神，坐等客户，消极营销，适得其反。为此，在绩效考核上，我们把国债、基金、保险等代理业务的成交量视同等额的增存业绩，打消了大家的思想顾虑。

其二，选择目标对象，实行差别营销。对本行原有的高端客户的预约需求，按一定的比例配售，以稳住其大额的存款。据了解，我行相当一部分理财金账户的高端客户，同时在他行也有多种存款，我们尽量动员其取他行的存款来购买国债。其中有一位在营业部办理理财金账户的客户，还从他行转来240万元，办了一年期定期存款。对本行的一般客户，原则上不对其营销国债（但我们注意做好解释和服务引导工作，既不让其存款"搬家",又不会产生其他负面影响)。对于他行的高端客户,我们就利用其国债配额较少甚至没有的机会大力营销。逐笔统计的数据显示,这其中的客户占这次 900 万元国债销售的 70% 以上。比如,城郊的中国热带农业大学是高端客户的密集区,我行在当地没有网点,我行就有意识地悬挂宣传营销广告横幅,收到较好的效果。据统计,本次国债销售该地区的客户就购买了 21.2 万元。在过去的国债销售中,我行也结合儋州市国营农场规模大(第一大的八一农场和第三大的西联农场)、数量多(共十大国营农场)而我行没有网点的特点,实行这种定向的宣传营销。

其三,讲究营销策略,提高营销水平。我行主要采取了如下办法:一是预约揽存法,结合国债热销紧俏的特点,对购买欲强的客户,实行预约登记,先开户存款(或转存款),后通知购买。二是比例配售法。对已在本行开户并有大额存款的高端客户,尽量压低预期销售国债的比例,将其理财目标引导到其他既减少分流存款,又为客户资金增值的品种上来;而对于购买欲强的他行高端客户满足其预期购买额,但同时也要有一定比例的转存款(或增存款)。三是捆绑营销法。购买国债的客户都是我行的高端客户群体,为增强其对我行的依赖度和忠诚度,我行在预约期引导其购买回报率较高(也相当于或高于国债收益)、变现快的货币型基金,待要购买国债时再变现,同时向其营销理财金账户和信用卡,接着进行链式深度营销,为其办理注册类个人网上银行等等。

其四,建立营销协调机制,保证国债销售有序进行。首先,行领导注意做好营销策略的把握与引导工作,促使国债销售与揽存稳存取得双赢的效果。其次是建立协调机制，由支行理财中心负责全行 7 个营业网点的销售计划的下达、营销对象的确认、销售进度的归集与反馈通报以及差额的调制，最后，对销售的结果、我行存款的分流和他行存款的揽存、捆绑营销情况进行核查，总结与交流营销的经验体会。

三、几点体会

一是转变营销观念与思路。首先，要树立销售国债与建设国内最大零售银行目标一致的观念，把最大国债销售银行的品牌打响，让高端客户要买国债就要首选工商银行，增强我行对高端客户的吸引力。其次，要消除销售国债必定分流本行存款的思维定式，创新销售思路，讲求整体功能发挥和提高综合收益率，化消极营销为积极营销，化无序营销为策略营销。

二是把握市场，提高网点营销水平。要把国债销售作为理财的一项重要业务，在人无我有、人有我多的销售配额控制下，采取事先预约揽存，事中结合不同情况合理安排销售时段，或先发制人（在各行配额接近时），或后发制人（在我行配额较高时）等方法，把市场紧俏的国债作为我行提高网点核心竞争力、提高同业市场占比的利器，取得国债销售与揽存稳存双赢的效果。

三是制定科学的考核激励机制和营销协调机制，保证我行基层网点正确领会和实施我行的营销策略。

"头脑风暴" 的一个亮点[①]

2003 年 11 月，工行海南省分行在全省展开了一场"工行双休日照常办理对公业务和理财金账户"宣传营销月活动，尤以"每年多给您 110 多天的机会与方便"来诠释双休日照常办理对公业务的优势与好处，收到了比预期还要理想的效果。

一时间，工行海南省分行在新闻、广告等媒体采取了一系列的宣传攻势，在 140 多个营业网点配合展开了一系列的营销活动。本文仅对其中的对公业务营销做一具体介绍。

工行海南省分行在海口市重要路段的海府路打出了"工行双休日照常办理对公业务——每年多给您 110 多天的机会与方便"的跨街天桥广告牌。

在海口市的 23 个商务楼、写字楼和 32 个社区公寓楼盘制作发布了 226 块电脑漫画式的、吸引力较强的电梯厢内广告牌。

在工行海南省分行遍布全省所有市、县的 140 多个网点门前悬挂醒目的宣传横幅，张贴柜台前的宣传招贴画，同时印制了 5 万份与电梯厢内广告牌相同的、背面印有具体解释营销内容的漫画式宣传折页在柜台上散发。

---

① 如何把人无我有的银行特色产品与服务广而告之，需要集思广益，需要精心策划，需要统筹行动，也需要总结提高，这是本文写作的初衷。

本文作于 2005 年 5 月。

工行海南省分行各分支行在海口市各城区、各市县主要商业街区开展1~2次的路演营销活动。

银行街头路演，与客户面对面营销，增强客户对银行的亲切感与信赖感

在当地领衔的新闻媒体《海南日报》的"金融资讯"专版刊发软文广告。

在海南电视台录制专题采访节目播放。

召开新闻记者座谈会、散发新闻通稿。事后，《海南日报》《金融时报》《城市金融报》《南国都市报》《海南特区报》《商旅报》《海口晚报》《海南经济报》等当地主要新闻媒体都刊发了1~2篇消息和追踪报道稿件。

在工行海南省分行系统的内部网讯设立专题营销专栏，及时刊发营销动态和成功营销的经验案例。同时开展"营销成功案例征集评奖"活动，激发各基层网点一线员工营销的创造性和积极性。

在开展营销月活动前，由省分行组织一场主题营销演示会，由专业部门总经理、专家进行现场营销演示，讲解网点营销骨干人员营销技巧及疑难问题，以利于各基层网点都能够在一个相对较高的平台上展开营销。

省分行主管部门积极做好营销月信息反馈工作，每周在内部系统网络上公布各网点的营销进展情况。

2003 年，工行海南省分行各项存款比上年净增 27.47 亿元，其中对公存款净增 14.29 亿元，比上年多增 19.14 亿元；2004 年，各项存款又净增 25.42 亿元，其中对公存款又净增 14.25 亿元，经营绩效考核从原来的 25 位上升到 17 位，是全国工行系统排位进步最大的分行，获得总行的进步奖。这当中，应该有"工行双休日照常办理对公业务"系列宣传营销活动作出的一份贡献！

如果把"工行双休日照常办理对公业务"当做当地金融同业竞争中的一棵高大昂立的木棉树的话，那么完全可以说，"每年多给您 110 多天的机会与方便"就是辉映这棵木棉树更加鲜艳夺目的红棉花！而这朵红棉花，则是在一次"头脑风暴"中催生出来的。

笔者当时作为省分行办公室主任，是这次系列营销活动的主要策划者与执行者之一。当时笔者在策划方案里初步拟定的"工行双休日照常办理对公业务"这句广告语的副标题是"没有双休日的生意人，就要选择没有双休日的银行"，但总感觉到既没有给群众过目不忘、振聋发聩的强烈撞击力，也不能涵盖所有需要在双休日办理对公业务的客户群。一句话，就是叫得不够响亮。

于是，我们召集了经常报道金融题材的新闻记者和省分行相关部门负责人座谈会，把省分行行长提出的抓住我行的优势与品牌广而告之促进业务发展的要求，以及工行先进科技平台、柜员整合、会计流程再造给客户带来便利的特点向与会者端出来，让大家动脑筋思考、斟酌，用一句最简明的话，向大众说出工行双休日办理对公业务的优势与好处。

常言道，"三个臭皮匠，顶个诸葛亮"。但见有 30 多年金融工作经历的，既当过基层行行长，又当过省分行住房信贷处、银行卡处处长，时任省分行个人金融业务部总经理的云应声皱了一下眉头，掰着手指头一算，计上心来。当时他说："一年有 365 天，共有 52 周，那么就有 104 个双休日，再加上元旦 1 天、春节 3 天、国庆节 3 天的假期，那工行每年不是比其他金融机构多了 110 多天的对公营业时间了吗？"还是干过银行的人对数字最敏感，他这一句话点亮了大家心中思绪的明灯。做生意的私企、民企老板也好，国营企业、上市公司的老总和财务人员也好，他们事业上最看重的东西，不就是稍纵即逝的机会和提高工作效率的便利吗？于是，这次"头脑风暴"式的座谈会的亮点发光了。经过一段时间的酝酿、推敲，这句"每年多给您 110 多天的机会与方便"的广告语副标题出炉了！会后向省分行行长报告，得到首肯，一锤定音。一时间，"工行双休日照常办理对公业务"、"每年多给您 110 多天的机会与方便"，像一对漂亮的双胞胎姐妹一样，出现在全省企业界面前，得到了普遍的认知度和良好的美誉度。

这个"头脑风暴"的亮点，不是凭空捏造而来的。其一，它建立在银行"人无我有"的科技优势与柜员业务流程整合优势的平台之上。近年来，银行站在战略发展的高度，不遗余力地大力推进业务综合系统的改造与发展，先是"9991"工程，继而是全功能业务综合系统，紧接着是 NOVA 升级系统，为柜员整合、实行"一柜通"和双休日照常办理对公业务打下了坚实的基础。

其二，海南省分行敢于走"创天下先"的路子，结合本地本行的实际，即海南省受琼州海峡阻隔形成相对独立的地域经济环境和海南省分行直管所有市县分支行的扁平化管理模式，为在一个省的范围内率先实行通存通兑的双休日办理对公业务提供了良好的条件。

其三，海南省分行的领导层能够审时度势，抓住市场先机与本行的优势，在"人无我有"的情况下，为带动这次成功的专题营销把握了方向。

其四，全省各分支行、基层网点、省分行相关部门以及各新闻广告媒体积极联动，收到了事半功倍的效果，也是这个"头脑风暴"亮点的主电源。

附件：关于开展"工行双休日照常办理对公业务和理财金账户"宣传营销月活动的策划方案

一、营销活动动机：充分利用我行综合柜员机制和技术手段在金融同业中的时间差上的优势，以民营、私营等中小企业和个人高端客户为主要目标客户，采取统一时间、立体宣传营销的方式，开展"工行双休日照常办理对公业务和理财金账户"宣传营销月活动，为增加低成本存款、拓展中间业务、提高我行效益打下良好基础。

二、营销活动月主题：工行双休日照常办理对公业务与理财金账户、贵宾式服务。

三、营销活动时间：拟定今年10月下旬至11月下旬为营销月时间，11月8—9日为重点营销时间。

四、营销活动内容

1. 新闻宣传

10月23日（星期三），召开新闻记者座谈会，邀请海南日报、金融时报、海南电视台、海口电视台、南国都市报、海南特区报、商旅报、海口晚报、海南经济报等媒体记者座谈，散发通稿（以双休日办对公业务与理财金账户为主，捆绑其他内容）2~3篇，以达到一次座谈，多次发稿（费用约2000元，此项工作由省分行办公室、会计结算部、个人金融业务部负责）。

同时，在海南电视台《经济新闻报道》栏目录制2期3~5分钟专题采访，拟由王副行长或会计结算部负责人就双休日办理对公业务、由个人金融业务部负责人就理财金账户答记者问（会计结算部、个人金融业务部负责问答提纲，办公室配合）。

117

在《海南日报》刊发 2 篇 2000 字左右的软文广告（费用 6000 元）（办公室、会计结算部、个人金融业务部负责）。

2. 广告宣传

在海口 23 个商务楼、写字楼（双休日办理对公业务广告）和 32 个社区楼盘（理财金账户广告）作 226 块电梯广告牌，对企业、商户和个人高端目标客户作营销，同时，印制与广告牌图案、内容一样的宣传折页散发，以吸引新的客户。具体操作办法：省分行统一将商务楼与社区楼盘组合，列出指导性清单，由海口城区 8 个行部认领，其电梯广告费用对应分摊到各个行部，最后省分行协调落实（办公室、会计结算部、个人金融业务部策划广告图案、内容，海口城区各分支行分头实施，费用 6.6 万元）。

全省 25 个分支行营业部和二级支行网点，10 月 25 日前统一悬挂"工行双休日照常办理对公业务"的主题广告语横幅，其余的网点统一悬挂"理财金账户、贵宾式服务"的主题广告语横幅。与此对应，各网点统一张贴营销主题的招贴画，摆放营销主题的宣传折页（各分支行负责实施，办公室负责印制招贴画、折页）。

网点大堂经理或网点负责人在营销月期间，特别是双休日一律在柜台外接受客户咨询，引导客户办理业务（各分支行负责，省分行会计结算部、个人金融业务部、办公室负责检查督导）。

营销月期间，在海南电视台图文频道滚动播出主题广告一个月（办公室负责）。

3. 优惠服务

凡在营销月成功办理理财金账户的客户，免首年的开户费，结算业务按五折收费。

在营销月期间，各网点双休日要在第一时间为办理对公业务的客户提供优质服务，不得拒办或拖延双休日办理对公业务的客户，如省分行接到投诉，查实后，将扣除相关责任人当月的绩效工资（会计结算部、个人金融业务部、办公室督办）。

各分支行要在营销月期间，上门走访企业客户，在分片负责的商务楼、社区开展设摊路演、现场咨询、办理业务活动，增强营销效果（各分支行实施，会计结算部、个人金融业务部、办公室督办）。

4. 促销措施

开展"工行双休日办理对公业务和理财金账户"营销成功案例征集评奖活动。原则上每个分支行报送 2～5 篇，尤其欢迎双休日来我行办理对公业务客户和理财金账户客户的应征文章（数量不限）。评选优秀案例一等奖 2 个，二等奖 3 个，三等奖 5 个，并给予必要的奖励（费用 5000 元，办公室、会计结算部、个人金融业务部负责）；优秀案例统一整理修改后在省分行网讯上刊发，作为今后营销的辅导材料（办公室、会计结算部、个人金融业务部、管理信息部负责）。

在营销月活动前夕，由省分行组织一场主题营销演示会，由个人金融业务部、会计结算部就双休日办理对公业务与理财金账户的营销进行现场演讲演示，讲解网点营销人员营销技巧及疑难问题。海口城区行部所有的分管行长、业务部门经理、营业网点负责人参加（每个网点可增加 1 ~ 2 人）。同时，会计结算部、个人金融业务部负责草拟主题营销的业务、品牌的营销范本，由办公室印制分发给参加演示会的人员和全省各个网点。

做好营销月的信息反馈工作。每周二在内部网络上公布我行各网点新增对公客户数量和双休日办理对公业务数据（会计结算部负责）、理财金账户营销开户情况（个人金融业务部负责）。营销月结束后，作小结通报各分支行（会计结算部、个人金融业务部、办公室负责）。

对营销效果好的行部给予追加经营性业务宣传费用的奖励，对营销成效较大的 5 个网点和 5 位员工给予通报表彰、奖励（会计结算部、个人金融业务部、计划财务部、人力资源部、办公室负责）。

五、其他事项

对未列入电梯广告计划的高档社区楼盘，由省分行统一协调，落实到相应的行部，共同与社区物业部门联系，上门设点宣传营销，争取高端客户。

本次营销活动月以海口城区行部为主，全省各分支行联动，三亚、琼海、文昌、儋州等相对比较发达的市县可参照实施，并及时将营销情况报告省分行。

办公室拟将电梯广告图案及内容在省分行大楼告示牌上张贴征求意见，修改完善后再定版印制。

策划万绿园^①

黄昏时分，海口市滨海大道的万绿园，绿草如茵，游人如鲫。这块将近 2000 亩的城市绿地，如今成为祖国南端滨海城市海口的一道亮丽的风景线，成为海口市民茶余饭后悠闲散步的好地方。许久没到万绿园踏青了，如今徜徉在夕阳斜照的草坪上，不由让我想起 1999 年阳春和 2001 年末工商银行海南省分行在万绿园中开展的两次颇有轰动效应的宣传策划活动。

第一次是在 1999 年的阳春三月，省分行储蓄存款突破 100 亿元。如何把这个庆典办得更有意义、更精彩一些，利用有限的宣传营销费用，取得社会效益和银行效益的双丰收呢？这成了我们主管营销策划宣传部门——省分行办公室的一个新的课题。当时，负责业务宣传的秘书是从中山大学中文系毕业的一个机灵的小伙子，名叫李海青。有一天他灵机一动对我说："主任，海口万绿园刚兴建，草皮多，树林少，当前省委省政府正在号召大家大种椰子树，既能绿化环境，又能增加当地的经济收入，咱们能不能向行长建议，在万绿园开展庆祝工行储蓄存款突破 100 亿

① 万绿园是处于海口市中心濒临南渡江出海口的一块 1700 多亩的城市公共绿地，是海南省与海口市两级政府举办公益活动的舞台，也是市民节假日与茶余饭后休闲健身的场所。银行选择这样的地方举办公益营销活动，对银行履行社会责任，树立银行良好的形象，营销银行的特色产品，当会收到事半功倍的成效。

同时，本书以该篇目为书名，其寓意是，银行每一个成功营销的构想与个案，就像策划的"万绿园"中的一草一木，大家能够像园丁一样好好用心培养，规划成片，势必营造出万紫千红的百花园，赢得大众对银行的信赖与关顾。

本文作于 2005 年 10 月。

元的植树活动，邀请省、市领导参加，请新闻媒体作现场报道？这样一定能产生轰动的效果。"他的建议引起了我的共鸣，我让他亲自到行长办公室，当面向省分行行长请示。

省分行行长曾任办公室主任，在宣传营销策划方面更是行家里手。他听了李海青的请示后当即拍板让办公室组织落实操作。

于是，我们兵分几路，一方面联系省、市领导的秘书，确定参加活动的领导名单，另一方面邀请海南新闻界主流媒体的记者到现场报道，海口市分行办公室还要负责同万绿园管理处联系植树的地点和树种安排等等。

4月10日这天早上，阳光灿烂，晴空万里，省委副书记、常务副省长兴致勃勃地来了，还在即兴讲话中肯定了省分行不办庆典搞植树，树立良好的社会风气和银行良好的社会形象的做法。海口市的市长也来了，现场的领导、员工与新闻媒体的记者300多人，铲土的铲土，扶树的扶树，浇水的浇水，半天功夫就栽下200多棵椰子树。《海南日报》、《海口晚报》、《金融时报》、《城市金融报》、海南电视台、海口电视台等十多家媒体都对这一公益营销活动作了报道。

事隔不久，这位才子要调到广州同妻子团聚，到行长办公室辞行时，行长还对他的这个"金点子"记忆犹新，给予充分的肯定，鼓励他在新的工作岗位施展更大的抱负与才智。

若干年后反刍这件策划往事，让人值得借鉴的经验在于：其一，把庆祝银行储蓄存款突破100亿元的"小事件"搭上当时省委省政府号召的"绿化宝岛百万人大行动"的"大事情",可谓择对"天时",起到"四两拨千斤"的功效。其二,地点选择得当。万绿园作为海口市最大的公益项目与场所,越来越被海口市民所钟爱,甚至已成为不可或缺的生活悠闲场所。省分行在这样的场所开展公益活动,关注与得益的人多,影响也持久。为此,我想银行不要做"一锤子买卖",可选择时机将这项公益活动继续做下去,使其做大做美做强。这不啻在万绿园上矗立一座银行良好社会形象的绿色丰碑,又何乐而不为呢!此是这项策划的"地利"也。其三,能够邀请当地的政要同银行的领导、员工一起参加活动,同时也邀请新闻媒体的记者都参加,这也是常见的一种"制造新闻"的手段,而成功的关键点在于这一"新闻"的公益性质。试想,周末节假日,大家植树造林,功在当前,利在后代,这样的善事谁人不乐为呢,谁又不称赞呢?这就是"人和"所在了。

海南省分行行长石琪贤（中）与副行长王树慧（左），许益明（右）在省会海口市举办的理财节现场指导布展工作（曾艳 摄影）

一项成功的宣传策划，得"天时、地利、人和"之道，就难怪有领导肯定、舆论张扬、员工热情的轰动效果了。而对我来说，每看到万绿园那片茂盛苍翠的椰子林，就会想起那位聪明精干的李海青。

夜幕降临了，坐落在万绿园海岸河畔的海口市另一标志性建筑物——海口世纪大桥亮起了明珠般璀璨的灯光，把吊索式现代风格的世纪大桥衬托如七彩般的竖琴，仿佛让人聆听到岁月流淌的歌声……

由此，又让我回想起2001年末工行海南省分行在万绿园灯展会上精彩策划的那一幕。

那年10月，海南电视台有位女记者小莫，到省分行办公室找我商谈借助万绿园灯展会宣传银行形象与业务的事情。她说，海口市没有办过大型灯展，市民对此会很感兴趣，银行借此宣传好处多多。之后，她给我看了30多组灯展的题材，有《红楼梦》、《西游记》人物系列，八仙过海人物，卡通人物等等，而让我一见钟情的却是一组财神爷灯组，看到它的图片，我的眼前，就如同出现一片明亮的灯光：中国人崇尚财神爷，经商祭神要拜财神爷，过年过节最时兴的还是财神爷那句话——恭喜发财。因此，利用受众喜闻乐见的形式策划银行业务宣传，受众容易入脑入心地接受，此其一；而"财神爷"向来是社会大众对银行的代名词，用其作为银行宣传策划的代言人有恰如其分的好处，此其二。这组灯还有个游园观灯者与主办者互动的机制，即"财神爷"手掌"恭喜发财"大印，可以为观展者提供"盖印服务"，这样就可以策划将所有灯展的热点、焦点都集中到这组灯展上来，扩大宣传营销的效果，此其三。于是，我们紧接着同灯展负责人商谈，到万绿园做现场考察，形成书面策划方案及项目请示，报省分行行长及相关部门审批。之后由省分行办公室及团委牵头，组织省分行相关处室，省分行营业部各城区支行及洋浦分行、琼山市支行的营销团队分工协作。所以说，一个策划的"金点子"，还要有一个强执行力的团队去组织实施，才能成为一个营销成功的案例。

这个策划营销项目，由于题材新颖对路、策划构思独特动人、组织措施落实到位、员工（特别是省分行团委和各分支行团支部组织的青年员工）热情参与，收到了观众反映强烈的意想不到的效果。

我们的具体做法是：

一是印制两组分别宣传银行住房贷款和牡丹银行卡业务的明信片，在现场免费送发给观展者，观展者再排队依次让"财神爷"盖上"恭喜发财"的印章，既可收藏，又可以作为美好的祝福寄给亲朋好友，因此大受欢迎。一时间灯展会别的灯组观赏的人三三两两，唯独银行这组"财神爷"灯展人流如潮，给"财神爷"盖章的队伍宛如长龙，甚至还吸引了许多外国游客。

二是在明信片上印上连续号码，每逢尾数88的幸运者可获得一本银行宣传挂历，尾数888幸运者获赠《海南日报》一年，尾数8888幸运者获赠500元的牡丹灵通卡，更把参与者的兴致推向高潮。

三是我们在"财神爷"灯组的基座上制作一块工行标志性的"牵手"广告牌，新闻媒体特别是电视台的记者在现场采访时，银行的广告都醒目地出现在画面上，收到"旁敲侧击"的效果。同时，随着灯展时间的延续，参与的人数日渐增多（累计达 2 万多人次），在观众的眼中，"财神爷"灯组慢慢变成了"银行"灯组。

四是灯展前后共开展一个月，时间跨度较大，省分行办公室和团委妥善安排，每天晚上都有一个处室或支行的员工到现场宣传营销，特别是逢圣诞节或周末节假日，我们都增加人手力量，及时补充赠品、奖品。我们每天到现场引导督办，保持员工参与的积极性，给观众留下银行良好的服务形象。我们还及时兑现幸运者奖品，用实际行动兑现了"您身边的银行，您可信赖的银行"的郑重宣言与承诺。

世纪大桥的灯火，越是夜深越是辉煌闪耀，而我对万绿园里银行两次宣传策划活动的记忆越是历历在目，以致如今动笔记叙这段往事时不能自已，大有一吐衷肠的快感。

儋州市支行广告语的原创构思与解析[①]

1. 请您来工商银行看一看买的基金都赚了没有。

解析：广告语也要讲究"天时"，在"牛市"的背景，银行代理发行的基金大部分呈上扬状态的前提下，这种设问式广告可以达到两个明显的效果：其一，彰显银行售后服务的到位。其二，激发客户追加或购买新的基金的热情。

2. 为什么工商银行代理的基金那么热销？

解析：每当银行要代理发行某种基金时，往往打出"工行代理发行××基金在热销中"的广告语，初看新鲜诱人，一而再，再而三地看都是一个面孔，则失去了吸引力。此条广告语却给人一种"问个究竟"的冲动。

3. 基金国债加保险，工行理财您赚钱。

解析：以"理财"与"赚钱"作为卖点，以获取各种代理业务的中间业务收入为目的。

4. 买国债稳？买保险强？还是买基金赚？请来工商银行看一看，算

① 时下银行广告语存在同质化与千篇一律两大问题，削弱了银行广告的认知度与美誉度。本文试图以儋州市支行的实际，就如何抓住银行产品的特点（卖点）、当地受众与客户的审美情趣，结合当地的风俗习惯，创作具有冲击力又有文化品位的银行广告语，使其共性与个性有机结合，做了一些尝试。

本文作于 2005 年 11 月。

一算，选一选。

解析：这条广告语对稳健型的客户、投资型的客户和投机型的客户都有一定的吸引力。银行把产品的选择权交给客户自己，显示工行"以客户为中心"的经营理念。

5. 又有 2 年期 2.4% 年利国债卖了！

解析：期限短——2 年期；利率高——2.4% 年利。用最简短明了的广告语，突出产品的两个最大的卖点。

6. "汇财通"为您的外币存款理财增值。

7. 美元、港币都可以办理"汇财通"理财增值业务。

解析：第 6 条广告语，突出"外汇理财"的特点。第 7 条广告语，突出可以办理外汇理财的币种——美元、港币，达到广告语简短明了的基本要求。

8. 开海了！财来了！工行自助银行 24 小时为您服务。（马井分理处专用广告语）

解析：这条广告语有三个亮点：（1）口语化。"开海了！"为渔民对每年封海一个月期满后又可以开始捕鱼的一种透出欢喜的口语，有一种自家人说自家话的亲切感。（2）愿望好。"财来了！"内含着银行对海港居民"恭喜发财"的美好祝愿，因此受众就更乐于接受银行营销。（3）对口味。渔港海鲜交易的时间往往在日暮收帆的时间，也往往是银行物理网点打烊的时间。而自助银行能够"24 小时为您服务"，就达到了银行对受众营销的产品或业务适销对路的效果。

9. 咱们马井有了第一家 24 小时不关门的自助银行。（马井分理处专用广告语）

解析：突出"第一家"，别无分店，在同业中抢占了市场先机。

10. 基金定投，零投整取，开户有礼。

解析：简明准确。凭借客户对"零存整取"传统储蓄的熟悉，来解释基金定投业务的"零投整取"的功能，受众一目了然，同时又有"开户有礼"的促销手段，自然会有较强的吸引力。

11. 荔枝红了，储蓄存款超过 5 亿了！

12. 衷心感谢您！5 亿储蓄存款有您的一份贡献与骄傲！

13. 东风送爽！储蓄存款超 5 亿！（东风分理处广告语）

14. 储户万福！储蓄存款超 5 亿！（万福支行广告）

15. 共祝胜利！储蓄存款超 5 亿！（胜利支行广告）

16. 群英同贺！储蓄存款超 5 亿！（群英储蓄所广告）

17. 马井泉盈！储蓄存款超 5 亿！（马井分理处广告语）

18. 八一奏凯！储蓄存款超 5 亿！（八一分理处广告语）

解析：以上 8 条广告语是儋州市支行庆祝本行储蓄存款突破 5 亿元宣传营销活动的一项内容，具有如下几个特点：（1）形象化。利用"荔枝红了"这样形象的物件，衬托该行储蓄存款营销取得丰硕的成果，强化了受众对这一事件的印象，达到形象鲜明、主题突出、构思巧妙的效果。（2）人性化。感谢储户对储蓄存款突破 5 亿元的贡献，把本该是该行喜庆的活动，变成社会大众共同庆祝的活动，起到"把快乐给大家分享，会得到加倍快乐"的作用，增强客户对工行的认同感、亲切感和忠诚度。（3）艺术化。艺术讲究创新与个性，把该行各网点的名称恰到好处地镶嵌在广告语中，改变银行广告语过往那种过于严谨少于谐趣的通病，而儋州向来被誉为"诗歌楹联之乡"，受众接受程度高。这种创新的个性化很强的广告语，既给人耳目一新的文化品位感，又使受众从中感受到工行企业文化之一斑，增强对工行的信赖度。

19. 选择胜利，必定胜利！——办事便利，理财得利，事业顺利。（胜利支行广告语）

20. 中兴支行祝愿事业中兴！（中兴支行广告语）

21. 请来万福接万福，接了万福万家福！（万福支行广告语）

解析：以上三条广告语为儋州市支行三家二级支行的贺年广告语。其主要特点首先是抓住节日喜庆的氛围作文章，在给客户的衷心祝福中，赢得客户对工行的信赖感。胜利支行的广告语，巧妙地在"利"上着笔墨，用一组"便利"、"得利"、"顺利"来演绎其"选择胜利，必定胜利"的主题，其次是利用网点的名称与类似楹联的形式，不明说工行，却暗藏工行的网点给客户衷心拜年，更给人留下难以磨灭的良好印象。

营销代理证券业务要选准目标客户①

2006 年春节刚过的 2 月 9 日，股市有一波上扬的行情，有对 60 多岁的老年客户来到儋州市支行营业大厅，办理其于 2004 年 4 月 17 日认购的 1 万元银河银泰基金的赎回业务，而当日该基金的单位净值是 0.9983 元，扣除手续费后，赎回的金额只有 9825.73 元。当老人得知花 1 万元买基金将近两年，非但没有获利，反要"倒贴"174.27 元时，就责怪银行员工不应该叫他们买这种"赔本"的产品，扬言要其赔偿他们的损失，给工行的形象和营销工作带来一定的负面影响。尽管该行采取了妥善的措施，化解了这一风波的扩散和恶化，但却给我们日后营销代理证券业务留下可资借鉴的教训。

1. 要选准营销的目标客户，把风险收益度不同的理财产品真正营销给适销对路的目标客户。从银行营销学的角度来分析，一般把客户划分为保守型、稳健投资型和投机型三类，银行目前也有对应的理财产品供其选择。上述那对老年客户，保守型的特征比较显著，风险承受能力较低，本就不应该营销风险收益度较大的股票、基金等证券类产品，而应向其营销国债、储蓄型保险等产品。

2. 要讲究营销策略，提高营销能力，规避售后风险。近年来我行的

---

① 银行代理证券业务，既可增加中间业务收入，又可发掘与维护高端客户。但不能无的放矢，尤其是在牛市的时候，不给客户"理财产品有风险"的提示，给银行的信誉埋下隐患。本文通过反面的案例，总结过失的教训，以避免重蹈覆辙。

本文与麦年红（时为儋州市支行副行长）合作，作于 2006 年 3 月。

基金代理业务飞速发展，但一线营销人员在营销各种基金时，往往"报喜不报忧"，一味宣传各类基金的特点和好处，极少甚至没有给营销对象必要的风险提示，有些还借用工行的品牌来为其基金营销"打保票"，结果适得其反。客户一旦投资失利，就会削弱对工行的信赖度与忠诚度，甚至会引发售后的法律风险，给我行造成不必要的损失。上述风波中的这对老年客户，如果当初我行的

信赖的笑容（覃畅　摄影）

营销人员耐心细致地向其讲清楚"风险与收益并存，要想高收益必须承受高风险"的道理，也不会引发事后其向营销人员"索赔本钱"的一幕。

3. 要完善售后服务机制。可以说，风险收益度越大的金融产品，越需要做好售后服务的工作。尤其是对中高端客户购买我行大额的理财产品都要建立业务台账，构筑我行与客户顺畅沟通的平台，建立风险提醒、收益预报机制，最大限度地维护中高端客户在我行各种资产的保值增值，使我行的代理证券业务形成良性循环发展，使客户与我行的利益共赢。

一笔 "双效益" 业务营销案例的启示[①]

案例：2006 年 5 月 31 日，一对 50 多岁的老年夫妇来到儋州胜利支行，要求办理一笔 10 万元的 3 年定期储蓄到期转存业务。当班柜员和网点负责人在受理这笔业务的过程中，了解到这对老人对银行理财产品不了解，属于保守稳健型的客户，便对其营销银行保险业务，详细讲解"国寿鸿丰"两全分红型保险既有生命保障功能，又有储蓄利息收入，以及参与投资的分红的特点。客户听了介绍后一拍即合，将原本打算转存 3 年期定期储蓄的 10 万元，全部购买了 3 年期的"国寿鸿丰"两全分红型保险。

效益分析：（1）以该客户 10 万元 3 年期定期储蓄存款的年利率 3.24% 计算，银行 3 年后要支付其利息 9720 元。（2）按银行内部资金转移价格计算，3 年期存款上划利差收益率仅 0.21%，则银行 3 年从该笔存款得到的效益仅 630 元。（3）而银行办理该笔银保业务，可收入手续费 3% 计 3000 元，比储蓄存款收益多 2370 元。（4）客户办理该笔理财业务，利息和分红多于储蓄利息收入，还可免交 20% 的利息税，又多一重生命保障。因此说，该笔银保业务，从银行与客户的关系来说，是银客双赢的业务，从内部经营效益来看，是一笔减少高负债率支出，又多增

---

① 如何提高银行的精细化管理？这是每个银行高管必须面临的问题。把银行的高成本负债业务，转化为低成本且高收益的中间业务，既是银行高管精细与务实的基本要求，也是引导一线员工转变经营理念的一个课题。本文以一个具体的案例，以期给大家一个启示。

本文与郑海燕（时为儋州胜利支行行长）合作，作于 2006 年 6 月。

加中间业务的"双效益"业务。

启示：第一，商业银行经营的最终目的是追求利润的最大化和股东回报率的最大化。因此，通过包括理财业务在内的各种计算途径，对目前银行业务和产品进行结构性调整，尽量降低高负债率，甚至是亏本的业务和产品的数量，将其转向多创利的业务和产品上来，应是我行的当务之急。以儋州支行的储蓄结构来分析，3年期以上存款余额5377万元，占储蓄余额总量的9.64%。如以10%的比率计算，海南省分行160亿元储蓄存款中，当有16亿元以上为3年期以上存款；全国工行系统3万亿元的储蓄存款中，当有3000亿元以上的3年期以上存款。那么，再以这个案例的银行收益比较来匡算，如果将其1%转为高创利产品，全省系统可增收37.92万元；全国工行系统调整1个百分点，则增加收益7110万元。可见其有较大的创利潜力空间和结构调整的重要意义。因此，业务部门应该把储蓄存款期限的结构调整当做指令性或指导性指标，作为基层经营行一个创利性指标来考核。

第二，要不断增强基层网点负责人和员工进行结构调整的自觉意识和营销能力，根据不同客户的需求，善于把低负债成本且多创利的理财产品营销给合适的客户。应采取如下几项措施：一是加强业务营销培训，提高基层网点业务人员的营销能力；二是通过营销案例总结经验和教训，及时发现、挖掘和培养典型，发挥正确的导向作用；三是改进和完善考核制度和指标，兑现落实多作贡献多得报酬的分配制度，形成长效机制。

新闻危机和客户投诉事件的应对解决办法①

一、对客户投诉与媒体负面报道的认识（"三不"态度）

1. 不想。谁都不愿意发生客户投诉直至媒体负面报道的事件，就像谁都不愿意生病一样。那么，不想生病怎么办？就要锻炼身体，提高抗病的免疫力。换句话说，就是要树立正确的现代商业银行的经营理念，提高自己的业务素质和能力。

2. 不慌。一个人生病总是难免的，一个企业存在这样或那样的问题也总是难免的，不会因为我们不想就不会发生。那么，既然不该发生的发生了，我们首先心里不要慌，不要怨恨投诉者或者报道的披露者，也不要简单地怪罪事件的当事人，更不要激化与投诉者和披露者的矛盾。正确的方法是要正视它，既来之，则安之，则化之，要有"化干戈为玉帛"的胸怀和技巧，要有把坏事转化为好事的智慧与能力。

譬如前些年某省一家银行处理歹徒持枪抢劫银行案的例子就值得借鉴。歹徒先跑了十多家银行网点"踩点"，发现这家网点中午客户少，柜员常瞌睡，保安松弛，才选准这个薄弱环节下手的，但正面报道却把被歹徒打伤的中午瞌睡的柜员树立成保护国家财产的英雄形象。他们的行长很有政治敏锐性，很懂得处理这种事情，这就是把坏事转化为好事的

---

① 本文系笔者 2006 年 6 月 27 日就中兴支行 6 月 20 日出现的新闻事件向全行行级领导、中层干部及大堂经理作的培训讲课，根据吴素芬（儋州市支行办公室秘书）现场记录整理。

本文作于 2006 年 6 月。

智慧与能力。还有我行把投诉客户变为高端客户的案例。客户投诉某支行服务态度问题，并说要把所有的钱转出去。我和该支行行长抓紧做了客户的工作，让客户享受到贵宾式的服务，并做好后续回访工作，把投诉客户变成了高端客户。这些都是成功的事例，经验就是遇到投诉不要慌，更不要逃避，要敢于面对和妥善处理。

3. 不麻。"麻"与"慌"是两个极端，都不是正视的态度。处理这些负面事件，就像救火一样，要以最短的"第一时间"及时处理，所以，总行、省分行和支行都有这种应急的办法。"麻"就是不够重视，麻木不仁。总以为这种事情哪里都有，只是谁碰到谁倒霉，并怪罪于记者。这种消极态度是引发事件的导火线。现象是哪里都有，但以积极的态度去做工作，就可以把事件化解并将之消灭在萌芽中。有些人小病不治，酿成大病或癌症后，才追悔莫及。"麻"就是对投诉者或披露者的不重视，就会让负面事件激化、恶化。报纸的影响力极大，一次就印发十多万份，受众可是数十万人呀。我行前几日出现的负面新闻报道，就在当天报纸出其不意地刊登，省分行相关部门领导都给我打了电话，告知负面新闻的关联度很大。我们五个网点储蓄增量跟建行、中行不相上下，有时甚至还少，但柜员劳动强度远比他们大，造成一部分高端客户不愿意到我行办业务，加上不利报道将会形成一种不良观念，影响到我们对高端客户的营销。对于这种造成负面影响的可能，我们要采取措施，防止进一步扩大，采取积极的解决办法去应对，不要漠然置之使其扩大化。

二、新闻危机事件的定义与分类

1. 定义。新闻危机事件是指各类新闻媒体中出现或可能出现非预见性的、涉及我行敏感话题的报道，相关报道可能或已经对我行信誉、形象造成负面影响。

我们服务的不完善，或客户的歪曲对我行的信誉、业务造成了负面的影响，这都是新闻危机。宣传媒体有电子媒介、网站、报刊等，有一定的受众，造成的负面影响较大。

2. 内容。新闻危机事件主要包括三种情况：一是媒体出现或者可能出现恶意歪曲我行形象的负面报道；二是我行的商业秘密被媒体知悉，可能或已经进行了报道；三是我行在经营、管理或服务中出现了突发事件，引起了媒体关注或已经被媒体报道。

记者不一定都是歪曲，但客观上仍造成负面影响。记者公布了客户不愿意让其他客户知道的秘密、公布了我们不愿意让金融同行知道的秘密，这类事件引起的投诉及造成的广泛恶劣影响在宣传报道中经常发生，这主要是因为度把握得不准，或者记者来稿未经审阅就发出。基层行特别是第一线一些容易被新闻媒体关注或客户多投诉的问题要引起我们的重视。

3. 分类。

（1）特别重大新闻危机事件：属Ⅰ级。包括：造成或可能造成全国性影响并危及或可能危及总行和省分行形象的事件；危及或可能危及金融安全或经营秩序的事件；在全国范围给我行声誉带来或可能带来重大损害的事件；影响或可能影响我行某一品牌或业务全面开展的事件。

银行高管人员比如总行行长、省分行行长等出现的违法违规案件，及影响到业务形象的案件，都属于特别重大新闻危机事件。

（2）重大新闻危机事件：属Ⅱ级。包括：造成或可能造成全省性影响并危及或可能危及省分行形象的事件；危及或可能危及省分行范围内经营管理的事件；在省内给我行声誉带来或可能带来一定损害的事件；在省内影响或可能影响我行某一品牌或业务开展的事件。

我们工作的疏忽或制度不严被媒体向全省披露，对我行某种品牌业务如代理基金业务等在全省造成不利影响，属重大新闻危机。

（3）一般新闻危机事件：属Ⅲ级。包括：危及或可能危及二级分行、支行范围内经营管理的事件；在分支行辖区内给我行声誉带来或可能带来损害的事件；在分支行辖区内影响或可能影响我行某一品牌或业务开展的事件。

前面提到的负面报道就属这个级别。我行已下发了《新闻危机事件应急预案》，成立了由行长作为第一责任人的新闻危机事件应急预案小组。尽管是一般新闻危机事件，但仍要引起重视，将负面影响降到最小。

4. 特点。

（1）突发性。冰冻三尺，非一日之寒。新闻危机事件是不可预见的，但仍可以预防。我们要把工作做在前头，要做好解释工作。

（2）偶然性。偶然性寄寓于必然性当中。这其中还有消极性、连锁性等等。事件总会发生，这是偶然中的必然，但要看体现在哪。现在就体现在我行，给我们活生生的教材，使我们从中学到更多东西，避免将来造成更大的差错、引来更多的伤害。不管记者本意如何，但报纸的公布对我行确实存在一定影响。我同记者说起后，记者说想不到会给我行造成如此大的麻烦。

（3）紧急性。

就像救火，新闻危机事件一出现就要马上采取应对措施解决，报纸或客户来访都要重视并解决，不要漠然置之。从我行这个事件，我们学到更多东西，今后碰到更懂得如何弱化影响，将之消灭在萌芽中，减少柜员、负责人受到处分，这也是自保的措施。

三、我行（基层行）负面事件的易发部位

1. 柜台服务态度差（语言）

一些本来极其平常的小事，但柜员在服务窗口办理业务中不妥的语气可能会造成客户的不快而引起投诉。这种现象很常见，比如快到下班时间，有在其他网点开户但家在附近的客户来存毛票，柜员一看就觉得不快，因为已经到了下班时间而且对本网点是无效劳动，问一句客户在哪开户的，也会引起客户受排斥的不快心理，甚至引起投诉事件。想想大家辛苦工作一天，工资也不算高，再加上客户投诉，受到处分的还是自己，职业生命及各方面都受到不良影响，实在是得不偿失。因此大家应注意服务语言规范，并从大局观念出发（虽然该笔业务对本网点无益但对整个工行有用），理顺一下情绪，避免受到投诉，保护好自己，于公于私都是好的。

2. 柜台服务效率低（排队）

客户在办理柜台业务时久候不耐，引起投诉或媒体报道，这其中有客户误会的原因，也有可能有柜员消极怠工的原因。比如柜台工作手续繁杂，后面排着长队，大客户室却闲置着，也会引起不明真相的客户的意见。我们要做的主要是注意业务技术学习，提高办事效率，尽量减少客户的投诉。

3. 柜台服务质量差（差错）

如出现长款短款错误，把钱多付或少付给客户，就容易引起客户的投诉和不满，甚至引起经济上的损失。

4. 假钞

可通过录像回放消除投诉客户的误会。

5. 理财产品亏本

我行马井分理处就出现过。该分理处给一对 60 多岁的夫妇营销风险高的理财产品，结果出现亏损，引起了客户的不满与投诉。我们在营销时应该注意，要将办理的过程、方法、风险告诉客户，使客户对产品有清楚的了解，出了问题也容易沟通理解。

6. 客户存款被冒领、被盗

要指导客户在操作中该注意的安全与保密事项，避免操作失当被人窃取密码，或存款被冒领、被盗等引发的投诉。

7. 内部投诉

员工问题处理不当，如前些年的机构改革大减员，一下子裁减了一大批员工，大家聚到劳动局告状，再如员工分配不公，内退、退休、自谋职业员工生活保障低，这些都是管理上的不到位。信访工作不够细，行务工作不透明，由内部引发的上访事件或投诉披露，都会引起负面报道和客户投诉，从而影响银行的形象。

8. 比如银行内部的绩效分配方案或办法没有让员工参与讨论，造成考核不科学合理、分配不公的误会等等。

9. 比如自谋职业人员收入较低，要求原所在银行帮助再就业，或解决医疗养老保险等等。

10. 比如闲置的铺面房屋的出租没有按规定要求分开招租、暗箱操作等等。

11. 比如一些客户对账户年费、汇款手续费收费不理解问题。

12. 比如在拍卖不良资产中，有些竞价者不能如愿以偿、投诉有作弊行为等等。

四、负面事件的应对解决方法

1. 省分行规定的"三项原则"

（1）及时性原则。不要麻木不仁，出现问题要第一时间解决。

（2）一致性原则。统一口径，出现问题时内部说法不一，更会搅乱事情。

（3）周密性原则。要周密考虑，寻找合理的途径去消化事件，将负面报道转化为正面报道。

2. 应对解决方法

（1）核查摸底。找当事双方调查了解情况。分析原因，落实责任，研究对策。就拿这次负面新闻报道处理的过程来说，负面报道20日发表，我在当天召开专题会通报研究，分析原因并采取应对措施。同时约见该文记者，但记者有事改期。省分行领导见报后都过问了此事，要组织调查组到我行了解事件经过和处理情况。第二天上午，省分行工会办公室主任带领人事、个人金融业务部门人员来到我行，先到中兴支行调查，再到我行网点向负责人了解情况，调查发现该文报道属实，督促我们分流一般客户到自助银行办理业务。

（2）转化矛盾。解铃还需系铃人（最有说服力），要学会以情感人、以理服人、以利惠人的转化矛盾的工作方法。

（3）及时整改。避免头痛医头、脚痛医脚，要举一反三，整改到位。

（4）追踪反馈。对负面报道要采取追踪报道的方式挽回负面影响。对客户投诉要采取反馈整改情况的方式求得客户谅解和理解。我行的负面报道发出6天后，同一位记者就发了我行重视客户投诉立即整改的追踪报道，这是我们处理及时的缘故。下一步，中兴支行还要向他营销银行卡和网上银行，使之成为我行的忠诚客户，并为我们做进一步的宣传营销工作。

（5）总结教训，培训提高。事件发生后，我们就安排了今晚的学习会，以提高大家应对新闻危机和客户投诉事件的技巧与经验，这对于防范类似事件的发生大有裨益。

五、相关的理念问题

1. 一起负面报道所付出的经济成本

（1）信誉成本：不能计价，形象受影响。

（2）调查成本：省分行派 5 个人来 1 个工作日，以人均 3000 元/月工资计算，20 个工作日人日均 150 元，则 5 人为 750 元，交通费约 250 元，合计 1000 元。

（3）协调成本：500 元。

这还不计算对相关责任人作出处分而造成职业生涯的损失等等。

2. 与投诉者或披露者对话的方法

（1）认真倾听（听，消气）：态度诚恳（耐心），眼神关注。我在省分行任办公室主任时，有一次碰到一个客户投诉，说她在望海楼支行办挂失时受到了不良服务，她有亲戚在《海南日报》任经济部编委，她打算在报纸上披露出一口气。我们获知后赶紧前去做她的工作，让她尽情地对我们发牢骚、疏怨气，耐心倾听任她发泄。这其中的态度要诚恳，要用眼睛关注，关注最佳点是鼻梁间。这是肢体语言上呈现的关注，语气上还要平和，并且要感谢她对我行的监督，愿意投诉说明是爱工行、信赖工行的，正所谓爱之深恨之切，不爱早就走了，谁还愿意去打交道，要理解客户这种态度。

（2）道歉与感谢（认，平气）：增强其认同感。顾客就是上帝，顾客就是衣食父母，没有推卸责任的任何理由与借口，要主动、敢于承担应负起的责任。要感谢对方反映的情况属实，希望对方给你时间沟通一下，认可的态度较容易与对方沟通，责怪的语气只能让对方怪罪。

（3）解释与分析（释，定气）：注意用逆向思维的方法，在主观上道歉的同时，还要分析客观的原因，争取客户的谅解与理解。我们向省分行调查组作汇报，对主客观原因作了深刻的分析。出现负面报道的关键是我们网点和支行对媒体的敏感性不强，那天在行里开对公存款会时网点负责人也说起了这事，但我当时不够重视，想不到这事竟出了报道。我要承担主要领导责任，这说明我的内控精细管理做得不够，引导和消化客户的细节问题还做得不到家。

（4）措施与建议（商，舒气）：用商量的口气提出解决矛盾的建议，用坚决的口气提出解决的措施。负面报道出现后，我们做了一系列的工作，并向省分行提出整改措施和建议。现在各支行上班时间男员工都打起了领带，着装整齐。这一点大家要坚持，看看移动、联通等规范企业给人的印象多好，这可以看出一个企业管理的精细程度和员工的素质。坐在柜台里，你就不是你了，你就是银行的一员，在特定岗位上你代表着银行。我还聘请了该文记者做我们的业余监督员，我们要学习建行的神秘监督员办法，该监督员常以客户身份到各网点调查，一有问题就记下来让银行处理，这从侧面看出一个企业的管理严密。光大银行人员少、网点少，但以装修豪华的自助银行弥补不足，在金融资源丰富的地方增加自助银行，尽量减少银行排队现象造成的负面影响，他们的做法也值得学习。

（5）化"敌"为友（化，鼓气）：我约见记者时先同他聊家常，我听他口音问他是不是西北人，那边我比较熟悉。他说他是东北人，但长期在西北。我说我也是他的同行，是《城市金融报》记者，这就增加了亲切感和亲和力，谈话也容易开展了。我还赠送他我行较有价值的宣传品或纪念品，聘请其为监督员，了解其爱好与个性（投其所好），想办法将其转化为我行忠诚的朋友与客户。我的前期工作已做好，下一步中兴支行负责营销的路就好走了。

有几点一定要牢记：

（1）注意新闻媒体披露负面报道的用意，以便采取有效措施挽回负面影响。

（2）一篇一两百字的负面报道往往要毁掉一版五六千字的正面报道的功效，就像出现一万元的案件可以抵消一亿元存款的成绩一样。

（3）"百忍成金"、"退一步海阔天空"。服务窗口是要随时准备领取"委屈奖"的。办公室主任也是内部服务的中枢，我在省分行就常常领"委屈奖"。领"贡献奖"固然实惠又舒服，但领"委屈奖"得到的收益和回报更大，这其中的报酬是无形的，领导一定会记着并设法回报你所受的委屈。一次省分行开电视电话会，某处长未到，省分行行长责备身为办公室主任的我为什么不知道他不来。这表面是批评，潜台词其实是说以后处长不开会都要向办公室主任说明缘由，这就无形中提高了办公室主任的地位。为了保护自己和银行利益受点委屈，其实也是应该的。下一步我们还要安排应对新闻危机和客户投诉事件的演练。

我们不想负面事件发生，就要勤"锻炼身体"，有了事件不要慌，一个行这么大，接触的客户多，难免出现问题，这也是客观的反映，是偶然也是必然。遇到事情去正视它，才能寻找正确方法达到最佳效果。所以说，依法合规经营，优质文明服务，才是避免负面事件发生之本。

最后，我还要给大家讲一个现实中的案例，让大家吸取别人的成功经验，掌握好应对解决的关键。

1988年7月20日，南京一户人家的"沙松"牌冰箱爆炸。报纸对此事进行报道，给该品牌冰箱造成重大影响，销售量直线下跌，甚至有些家庭还把该品牌冰箱搬离家庭，事件性质非常严重。该冰箱厂领导非常重视，在第一时间安排总工程师和日方技术课课长赶到南京，在南京最好的酒店专门租一间会议室接待新闻媒体。由于该冰箱爆炸后压缩机还在工作，调查组询问冰箱主人往冰箱里放了什么东西，主人怕对自己不利不肯说，只要求冰箱公司给他换功率更大的冰箱。应急小组同意换，媒体报道了该公司对此事件的重视，并说明售后服务好，这就达到了负面转为正面的效果。检查小组寻找不出爆炸原因，调查出不是技术原因，最后以诉诸法律要挟，主人才说出放了易爆的丁烷的实情。爆炸原因找出来了，原来不是产品技术不过关，而是恰恰相反，正说明冰箱质量超好，爆炸了压缩机还在工作。媒体一公布调查结果，该品牌冰箱销路广增。这就是把坏事变好事的典型案例，也是给我们补这一课最好的范例和教材。

附件：工商银行重视本报监督

本报讯（记者孙乐明）本报 6 月 20 日民生版以《取个钱竟要排队一二小时》为题，报道了工行儋州中兴支行客户取钱要排队久等的现象。

6 月 23 日上午，工行儋州市支行行长王辉俊约见记者，感谢本报监督，并详细说明了客户排队现象的原因。

王辉俊说，记者所报道的情况基本属实。报道刊发的当天下午，他们就召集办公室、理财中心和各网点负责人，召开专题紧急会议，分析问题根源，研究整改措施。

第二天上午，省分行也派出专题调查组来儋州进行专项调查，旨在通过此事，加强全行的现代商业银行观念教育，重视客户投诉和媒体监督，提高服务水平。

王辉俊还说，造成儋州网点客户排队严重的现象，也有客观原因。工商银行在那大的 5 个网点，每个月承担了 1.3 万人的工资发放任务，平均每个网点近 2600 人。

另外有 4 个网点还代理全市的非税收入，每月近 7000 笔，而柜员每录入 1 笔非税收入，要往电脑输入 11 组数字资料，业务非常繁杂。

　　为改变现状，他们已于 21 日开始，调整押送款时间，保证网点正点开门营业。同时增加服务柜台，对各网点的忙闲时段也进行调整。他们还准备增加自助设备与自助银行的投入，以减轻柜台压力。

　　王辉俊还当场聘请记者为他们的义务监督员。

大势着眼 细节入手[①]

——"解决排队不便，自助存款有礼"营销案例分析

一、案例回放

2007年6月20日，海南省分行在省会海口城区的金贸支行和望海楼支行两个繁华街区的网点，举办了"解决排队不便，自助存款有礼"宣传营销活动，省分行主管行长、主管部门和办公室到现场指导工作并接受新闻媒体记者的采访，还协助大堂经理对客户进行面对面的营销。

据统计，金贸支行1台自助存取款一体机在当天9：00－11：00的营销时段内共自助办理88笔存款，而在次日的同样时段，仅有13笔自助存款业务，活动期间的自助存款业务是平时的6.8倍；望海楼支行1台新型存取款一体机和2台旧型存款机在当天的营销时段内共办理自助存款52笔，而次日的同一时段仅21笔，活动期间的自助存款业务也是平时的2.5倍，说明营销活动获得较好的效果。

另据媒体监测反映，从次日开始，当地的主流媒体《海南日报》、海南电视台、《海口晚报》、《商旅报》、《海南特区报》、《海南经济报》等

---

① 当"银行排队难"成为社会的热议，银行既不能采取鸵鸟政策回避，也不能侃侃而谈。为此，当时我们策划了"解决排队不便，自助存款有礼"的宣传策划活动，并请当地媒体跟踪报道，一方面彰显银行积极回应公众关注的难题，另一方面采集具体的情况数据，引导客户自助服务。本文是这项活动的分析小结。

本文作于2007年6月。

海南省分行副行长许益明就银行缓解"排队难"接受媒体采访（江天伦 摄影）

都作了正面的专题报道。海南电视台还在综合新闻黄金时段作了为时10分钟的专题采访报道，《城市金融报》在头版刊登了大幅图片新闻报道。此外，海南在线、搜狐网等网络媒体也转发了网络消息等，取得了良好的社会反响。

相当一部分的客户，在工行大堂经理的引导下，第一次掌握使用自助存款的办法，方知银行还有这一新的技术手段，开始认知了自助存款的便利，解除了客户排长队办业务的烦恼。

省分行主管领导许益明副行长和主管部门充分肯定了这一活动的策

划并亲自参与营销宣传活动，承办行精心组织与安排都为这次营销宣传活动取得较为理想的效果奠定了良好的基础。

二、案例启示

1. 策划为先，突出主题。策划讲究的是创意，是营销宣传活动成功与否的先决条件。这次营销策划的可取之处有两点：一是顺势而为，事半功倍。而这个"势"是大势。不管是"正势"还是"负势"，大势者，必有一股强大的推动力。这次营销活动的大势背景是社会大众金融理财意识增强，到银行排长队多有怨言及新闻媒体推波助澜的负面报道。一时间，在类似机场安检通道排长队就习以为常，到银行排长队存取款就忍耐不了；星级酒店高消费不心痛，银行收取中间业务三五块钱的服务费就不乐意；看到银行高管高薪心理不平衡，明星一名暴富反倒成为美谈。……此时，银行仿佛陷入一场较大的新闻危机当中，成为百口难辩的弱者。但经验丰富的艄公，都善于看风使舵与张帆，化逆风为前进的动力。"解决排队不便，自助存款有礼"的营销主题就是借这一负面的大势来做银行正面形象的文章。这次活动就是要透过媒体记者让社会公众看到，银行在通过这种求真务实的方式，引导客户利用先进的技术手段，树立新的金融消费意识来解决排长队之忧；借助媒体受众的普遍关注，反弹琵琶，树立银行闻过即改、讲求信用和实效的良好形象。这样，负面关注面越大，收到的正面效果越强。二是创新争先。在海南当地金融同业，专题宣传营销自助银行服务的活动尚属首次，且又专门限定在"自助存款"单一内容，更显独特。这也是在调查研究的基础上作出的策划：其一，省分行个人金融业务部曾在望海楼支行作过调查，在柜台办理2000元以下存取款业务的客户占柜台业务量的45%，换句话说，如果能把这45%的客户都引导到自助设备自助服务，银行柜台的压力与排长队的现象将减少近一半。其二，目前银行大部分客户已经认知自助取款业务，而自助存款却存在不会用与不敢用的状况，如果能将其引导成自助存款客户，那么自助取款就更不在话下了，因此有举一反三、一箭双雕之功用。

2. 精心组织，细节入手。"思路决定出路，细节决定成败。"这仿佛已经成为策划与营销的座右铭。一个成功的宣传营销实例仅有个新的点子或好的策划方案还不够，还要在时机、方法等细致的环节上着墨。精心安排组织好每一个细节，才能让精彩的策划取得丰硕的实效。回顾这次活动的得失，也佐证了这个观点。事前，省分行办公室、个人金融业务部做了较为充分的筹划准备工作：一是召集了省分行营业部、国贸支行和新华支行等主办行以及望海楼支行、金贸支行两个承办的二级支行的会议，交代了活动的背景、主题与目的，研究确定了活动的时间与时段（后省分行营业部因存取款机不在营业大厅，天气较热，担心客户有不适感而退出）；二是到望海楼支行现场检查布置工作，具体安排了利用横幅和电子显示屏预告活动时间、时段；三是要求预约部分客户前来参加活动，确保营销场面效果；四是安排了礼品发放的环节；五是安排大堂经理与客户经理在现场做好引导、演示工作；六是准备了活动的通稿，落实了新闻媒体记者的现场报道与事后监测工作；七是印制了自助存款的宣传折页等等。同时还为省分行主管行长准备了背景材料和业务数据，以便主管行长接受媒体的记者采访。由于在细节上做好了充分准备，这次营销活动收到了预期的效果。但也存在不尽如人意之处。例如同是具体承办的两个二级支行，由于细节把握的程度不同，收到的效果大相径庭。金贸支行仅有一部存取款一体机，但其领悟省分行的营销意图较到位，细节执行力较强，按要求预约了近20位客户，还将营销的宣传礼品摆放在自助存取款机旁边，营造了"自助存款有礼"的直观氛围，迎合了过往人流的趋众性，一时形成排队自助存款的现象，使现场营销的气氛较浓，营销效果很好。而另一网点预约客户不到位，礼品摆放不明显，客户引导欠缺，尽管有3台自助存款机，但同一时段营销自助存款业务的笔数反倒不如金贸支行1台机器的业务量，使营销的气氛和效果大打折扣。

3. 示范作用，扩大效果。海南省分行在三亚和海口城区共有13个二级支行配置了自助存款机（存取款一体机），今年还计划再购进配置25台设备，扩大其铺盖面。而这次省分行只选择望海楼和金贸支行作为试点，意在摸索经验，对各行起到示范营销的作用。各配置自助存款设备的支行可在这个案例提供借鉴的基础上，八仙过海，各显神通，开展类似的营销活动。以金贸支行为例，开展一次2个小时的营销活动，可以增加55人的自助存款业务（已除去预约的20个客户），既可以缓解当时的柜台压力，又能实现离柜业务的长期增长（因为一个能够接受自助存款业务的客户，今后一定不会再等候半个小时排队存款自寻烦恼）。如果银行引导得当，哪怕是将50%存取款2000元以下的客户引导到自助服务上来，也将缓解1/4的柜台压力，"银行排队难"的不良反应也将减弱或杜绝。这种既树立银行良好形象，又缓解本身的柜台压力和员工的劳动强度的意识和做法，应当成为精明的银行高管人员的共识。银行也应有引导公众树立科学的金融消费意识的社会责任。

中国工商银行 CI 战略刍议[①]

一、绪言

中国工商银行以其稳健的经营理念、3 万多亿元的资产和数以亿万计的众多的客户，名列美国《福布斯》杂志世界 500 强大企业的第 208 位；在国际著名期刊《欧洲货币》杂志于 2001 年以所有者权益排序中，名列全球 250 家大银行第 7 位；按英国《银行家》杂志一级资本排序，名列全球 1000 家银行第 10 位，跻身世界大银行之列。然而，随着我国改革开放的不断深入，社会主义市场经济体制的逐步确立，特别是我国即将加入世界贸易组织，作为我国商业银行龙头的中国工商银行，必然会受到内部来自其他国有商业银行、地方性商业银行和非银行金融机构，外部来自境外、国外商业银行越来越激烈的竞争压力。而在世界性的竞争舞台上，现代金融企业的竞争已经突破了过去单一、局部的竞争，进而发展到整体性竞争即整体形象竞争的时代。因此，中国工商银行 CI 战略的确立与发展，是直面和应对这种竞争并赢得这种竞争所必备的先决条件，也是增强自身实力、塑造良好金融企业形象的有效手段和必经途径。

本文拟就中国工商银行 CI 战略的确立与发展，试述其发挥出的作用，寻找在其 CI 战略实施过程中存在的不足的、有待完善的问题，有的放矢

①　本文作于 2001 年 10 月，时值中国工商银行 CI 战略的导入期。作为该行一级分行这一战略的执行者，既要深刻领会其战略的指导思想、实施步骤，也有职责建言献策。本文也是笔者参加中山大学本科自学考试的毕业论文，得到大学教授的审读与指导，在此表示谢忱。

地提出不断改进和完善的工作思路，以期达到推动中国工商银行 CI 战略向纵深发展的目的。

二、中国工商银行 CI 战略的确立与发展概略

中国工商银行 CI 战略的酝酿及产生，有其特定的历史背景、外部环境的动力及内部发展的诉求。1984 年，中国工商银行从中国人民银行中分设出来之时，只是作为主要经营城市金融业务的专业银行，商业银行的色彩并不浓厚，在长期的计划经济体制控围下，专业银行（尤其是工商银行）处于绝对的垄断地位，享有得天独厚的政策优惠，银行服务的优与劣、形象的好与坏，似乎都无损于其"养尊处优"的地位，对金融 CI 的认知和导入是模糊的和没有动因的，我们可以认定这时期中国金融 CI 只是一个蒙昧期。到了 20 世纪 90 年代，随着我国金融体制改革的深入，金融机构多元化发展的趋势日益明显，到了 1995 年，除国有商业银行外，我国商业银行已发展到 11 家（分别是光大银行、中信实业银行、交通银行、民生银行、华夏银行、广东发展银行、深圳发展银行、上海浦东发展银行、海南发展银行、招商银行和福建兴业银行），金融业务交叉的情况日益突出，这就需要各家商业银行重新确立适应市场经济发展要求的经营理念和经营方针等，并采取一系列新的经营管理方式，在社会公众中树立起一种崭新的企业形象。同时，随着我国对外开放的进一步扩大，国外金融机构投资中国的步伐也随之加快。据统计，到 1997 年 6 月已批准外资金融机构在华设立代表处 540 个、营业性机构 162 家。外资金融企业以其雄厚的资金实力、遍布世界各地的经营网络、灵活的收费标准、良好的社会形象、一流的公关策划和发展策略以及为客户提供

深度服务和公益活动等，使中国金融业面临严峻的挑战，也对金融 CI 导入带来新的启迪，促使中国金融 CI 进入一个认知期与启动期，各家商业银行对金融 CI 的导入有了较为强烈的内在要求和外部推动力。

20 世纪 90 年代后期，我国的金融 CI 进入了较快的发展期，工行、农行、中行、建行等四家国有商业银行都在确立或重新调整 CI 战略，中国工商银行也是在这一时期形成了自己的 CI 战略，并在 2 年左右的时间里完成了它的导入计划，目前正处在第一个完整的 CI 作业周期的阶段，尚需不断地磨合、完善与成熟。

尽管工商银行的 CI 战略的发展时间不长，但其鲜明的经营理念，独具一格的视觉形象和统一严谨、诚信可亲的行为识别特征，不但赢得世界（金融业界、CI 策划业界）的认肯，而且赢得社会大众的认知和认可，这是毋庸置疑的事实。

1. 工商银行的 CI 战略是从视觉识别（VI）的推动入手的。通过 1997—1999 年三年的努力，工商银行在全国 2 万多个营业网点基本完成了行名招牌的统一制作，以其红色的行徽、黑体健硕的标准字的行名、亚银的标准色，再配以两手相牵的象征图案，展现在全国大江南北的大街小巷，仿佛是换上了新装的年轻人，朝气蓬勃、诚信可亲地面对着客户大众。中国广告协会主办的《现代广告》杂志 1999 年 5 月刊上发表了一篇《策略高于表现技术》的评论（作者为董立津），曾对此作出客观公正的评价："拥有全国最多储户，且拥有全国最昂贵、最前卫的全金属结构总部大厦的中国工商银行近一时期在各地发布了一则以'你身边的银行，可信赖的银行'为口号的户外广告，广告画面出人意料地采用了两双相牵的手作象征形态……如此庞大的金融巨舰在竞争的海洋中打出这样平易、柔和的信号，实属难得。这映射出在新的经济环境里，国有金融机构全新的经营理念和对自身地位的思考。"所以说，工商银行 CI 战略给社会大众的第一印象是诚实的、亲近的。只有具备了这种良好的第一印象之后，社会大众才有可能进一步去接触和了解其更为内在的品质，才能加深其可信赖度。

2. 重视员工的行为规范，提高员工队伍的素质，是工商银行 CI 战略向纵深发展的体现。从金融 CI 战略的诸要素来看，理念识别（MI）、行为识别（BI）和视觉识别是相互联系、彼此结合的。金融理念识别是核心，是整个金融 CI 战略的原点和原动力，由此才能够进行内部组织管理活动和教育培训以及参与社会公益活动等各种行为识别，才能够进行视觉识别的设计开发；而行为识别是金融 CI 的动态形式，是通过金融企业的活动过程来传播金融理念，以使客户和社会公众对其金融理念有所"体验"和"感觉"；视觉识别是金融 CI 的静态表现。而作为工商银行本身，行为识别的规范更为重要，它是构成自身服务质量和企业品位最重要的"软件"。某个网点、某位员工的表现不再是局部的、单一的，其一举一动、一言一行都代表着整个工商银行的经营理念、管理水平和企业的信誉与形象。因此，近几年来，工商银行下大力气抓好员工行为识别的规范培训。一是制定并实施了"百千万"人才培训工程，实行"梯级培训计划"，即培养 100 名总行部门总经理和省级分行行长的人才，培养1000 名中层管理人才和 10000 名基层骨干人才；二是整章建制，实行员工行为规范，制定了《中国工商银行员工行为守则》、《中国工商银行文明服务规范》以及一系列的规章制度和奖惩条例，从员工的言谈、举止到业务操作流程，都实行统一的标准，违者处罚；三是积极参与各类社会公益活动，如建立"工行奉献基金"，在 1998 年我国遭受长江流域特大洪水灾害后，捐款 1000 万元抗灾，重建家园，在全国共捐款修建了 25 所希望小学等，树立了良好的企业形象。

3. 制订了工商银行中长期发展规划，进一步确立了工商银行以质量和效益为中心，逐步向国际性效益好的大银行发展的经营理念。在实施工行 CI 战略中，以这种经营理念为原动力，把全行各层级管理人员，乃至全员的智慧与力量都凝聚到这一经营指导思想上来。在全行形成一个统一法人、管理到位、监控自如的运作体系，从而保证资产质量的最优化和经营效益的最大化，作出与工行地位和作用相适应的重要的贡献，进一步树立中国工商银行的良好形象。

三、中国工商银行 CI 战略有待改进与完善的不足之处

我们知道，一个企业实施自身的 CI 战略，需要多个相对较长的周期才能不断趋向成熟。因此，工行 CI 战略在实施的第一个周期内，尚存在着有待不断改进和完善的不足之处，这也是在所难免的。

其一，工行 CI 战略实施与企业文化建设诸方面的相互联动不足。如果我们把 CI 战略的"硬性管理"当做企业精神的"硬件"的话，那么，企业文化当中的"软性管理"自然就是其"软件"了。但我们看到，近几年工行从高层到基层，似乎把门楣标志、营业场所按 CI 策划的统一装修作为刚性指标完成后就大功告成了，而忽略了企业文化与 CI 战略相辅相成的关系与联动，表现在部分员工的精神面貌、文化素质、工作技能

搭配不上 CI 战略，甚至有"马车夫驾豪华轿车"不相匹配的感觉，制约了工行 CI 战略向高目标、深层次的发展。

其二，工行 CI 战略对工行各项新兴业务推动的前瞻性、超前性不足。近年来，工行在经营战略的调整与转移以及为适应我国加入 WTO 等动因的策动下，开办了网上银行、手机银行、企业银行以及助学、旅游、购房、买车等消费信贷、牡丹卡系列产品等新兴业务，但每项新兴业务开办之前，似乎没有（或者极少）看到相应的 CI 策划、新业务新产品的包装，也缺乏带有工行"个性"的金融产品的策划、包装与营销，从中也反映了工行 CI 战略牵头部门与各业务主管部门尚需要进一步的协调与沟通。要发挥工行的整体优势，在新业务、新品种"未到"之前，其形象的策划与包装就应该"先行"了。

其三，工行 CI 战略的长远规划与阶段目标实施的理性安排不足。中国工商银行作为一个国际大银行、大企业，应该有自己长远的 CI 战略的规划和分步实施的目标，这也如同城市规划建设要有自己的蓝图与未来的模型一样，这样才能在人力、财力、物力资源上得到合理的配置，发挥其最大的效益。但目前至少在一级分行以下的分支机构，对总行 CI 战略的长远规划的认识是模糊不清的，有些设想也仅仅停留在真正的"模型阶段"而没有进行试点操作。相当一部分基层行的管理人员认为 CI 战略只不过是换换招牌、改改字号、修修门面而已，下一步重点该做些什么心中无数。

其四，工行 CI 战略在总体筹划、层级分布方面的有序化不足。目前，工行实行总行、省一级分行和地市二级分行的三级核算管理。那么，如何根据各级经营管理的落脚点的不同，总体统筹安排，分层合理布局，才能发挥工行 CI 战略的最优化结果，应该成为工行各级 CI 战略牵头部门研究的课题。而目前的现状是这种组织构架是不够严密而显得松散的。一是缺乏一种各层级之间大致的战略分工（或者是分布），各自的主攻方向不够明确，显得有时是应付的，有时是较为盲目的；二是各层级之间缺乏一种组织与协调的舒畅的流通管道，集约式、兵团式、轰动式的作战不多，而根据地式、各自为战式的方法较为常见，也造成这方面资源配置的低效与浪费。

四、发展中国工商银行 CI 战略的几点思路

1. 让工行的 CI 战略根植于工行企业文化的深层土壤，硬件与软件相匹配，两者相辅相成，共筑工行企业的精神支柱。日本综合信息媒介研究所编著的《把握日本式经营战略》一书曾重点强调指出，建立 CI 战略最重要的基点是建立和完善企业内部文化体系和文化经营战略。同时，工行 CI 战略的实施主体应该是全行员工，只有加强企业文化建设，塑造出一大批"懂政策、守规矩、通技术、善经营、会管理的高素质人才，造就一支适应金融现代化要求的高素质员工队伍"（工行姜建清行长语），工行的 CI 战略的实施和发展才能得到有效的保证。为此，工行 CI 战略的下一个重点目标是推动工行企业文化的建设。一是开创具有工行特色的企业文化，举办如升行旗、唱行歌，爱行敬业演讲活动，进行行史教育等，配之以工行口号、员工守则、服务规范等教育，让全行员工真正理解工行的理念精神、文化观念，积极认同与参与工行的 CI 战略，并变成自觉的价值心态和行为实践，唯有这样才能形成工行所特有的向心力与

凝聚力,工行的 CI 战略才能达到内强素质、固本清源的效果。二是培养和塑造真正代表工行精神的典型与榜样。一个民族有民族英雄,这个民族才能有自强不息的精神力量。同样,一个企业也要有自己的典型和榜样,员工才能有奋发向上的目标。首先,各级行的领导干部要以身作则,身体力行,以自己的一言一行履行和诠释工行的精神和理念,成为员工回忆、谈论的对象和效仿的楷模。同时,也要注意在员工队伍中培养爱行敬业的劳动模范,让身边的模范人物有声有色地引导员工在自己的岗位上充分发挥自己的聪明与才智。外国有一则"一个普通的公司接待员 > 公司副总裁 + 几个部门经理"的企业管理经典,说的就是这个道理。三是合理安排各种文化宣传活动。如举办大规模的庆祝会、银企座谈会、各种演讲会、各种文艺表演和各项比赛等,并善于策划与造势,凸显工行形象,在社会大众中提高工行的知名度和美誉度。

2. 把工行 CI 战略纳入全行的发展规划当中,增强工行 CI 战略的前瞻性与超前性。在全行的发展规划中,工行 CI 战略要有导向与目标。在全行的近期业务发展规划中,尤其是新业务、新品牌的营销当中,CI 策划要先行。比如网上银行业务推出之前,应该首先对国际、国内网上银行业务的概况、前景作出总体的评估认定,然后交给 CI 策划部门进行策划与包装,包括品种名称(如"网上银行"只是个普通的称谓,如果定为"网上工行"、"e–ICBC"是否更凸显工行个性)、广告词、广告图案、产品说明、营销手段策略等等,并做好协调沟通、精心策划、效益评估、总结推广等工作。常言道,有谋则立,前瞻性、超前性的新业务、新品种的 CI 策划,必然会达到事半功倍的效果。

3. 对工行 CI 战略资源要合理配置、统一筹划。按照"权力距离"的原理和工行系统实行三级经营核算体制的实际，工行 CI 战略的布局要有个合理的安排。首先，总行、省一级分行、地市二级分行要有一个基本的战略分工。总行立足点应放在理念识别、整体形象树立方面，以"务虚"为主，力争在国内主要媒介乃至国际重要媒介上树立与传播工行良好的企业形象（中国银行在凤凰卫视上的"源远流长、山外有山"、"情义不变"的形象性广告，具有鲜明的中国民族特色和深厚的中国传统文化的特色，值得总行借鉴）；而省一级分行应采取形象宣传和业务、品牌营销并重发展的路子；地市二级分行则以工行业务品种的宣传营销为主，以务实求得经营效益，这样整个工行系统才能形成一个全方位的、立体的 CI 战略态势。其次，讲究低投入、高产出的效益原则，例如总行能在全国最重要媒体（人民日报、中央电视台黄金时档）等制作形象性广告，看似费用过大，但同全国各地分支行在当地媒体上作重复广告相比，却能达到事半功倍的效果。同时，总行可以采取 CI 战略课题、项目"认领制"，经过可行性论证，给予政策上、财力上的支持，既调动一、二级分行的积极性，又防止重复建设。必要时，总行还可以抽调、集中全国分支机构的人员，集中力量完成重点项目，还可以借助社会专业机构、专门人才的外力，发展我行的 CI 战略。

参考文献：

［1］齐潮闻：《金融 CI 战略》，北京，中国经济出版社，1997。

［2］王乐夫、廖为建：《公共关系学概论》，北京，高等教育出版社，1994。

［3］董立津：《策略高于表现技巧》，载《现代广告》，1999（5）。

［4］胡屹：《策划学全书》，北京，中国社会出版社，1999。

［5］陈放、谢宏：《品牌策划》，北京，时事出版社，2000。

［6］陈放、谢宏：《文化策划学》，北京，时事出版社，2000。

［7］张冠华：《广告写作》，珠海，珠海出版社，2000。

［8］黎松峭、跑学溥：《中外成功广告900例》，南宁，广西民族出版社，1994。

［9］王幸福等：《银行礼仪》，北京，中国金融出版社，1999。

要防盗网还是要银行保管箱？[①]

时下打开电视，常有防盗门、安全锁的广告撞入眼瞳。漫步椰城海口的大街小巷，也都看到无论是豪华的住宅区，还是普通的居民宿舍，都在安装着各式各样的防盗网，有钢筋焊接的，也有不锈钢精制的，就如一个个鸟笼子，把活生生的人连同人们的思想观念都"囚禁"在里面。也不知这防盗网有多大的安全系数。除了防盗的安全自有定论外，假如房屋失火，门口又被封死后怎么办？困在里面的人岂不成了"烟熏肉"？又比如发生强烈地震，门口被倒塌物封死，情急之下又如何从阳台上逃生？万一……所以说，花了上千元甚或几千元安装这么个防盗网，既不能与美化家居环境相协调，又不能尽如人意地达到真正的安全，人们为何还会乐此不彼呢？

想来大致有它的因由：一是如今人们的生活水平提高，家庭资产厚实，确实有不少家财需要防护。二是有些地方的治安环境需要改善，防偷防盗之心不可无。三是人们传统的思想观念还应随着 WTO 的逼近而要得到转变。人家发达国家的家庭财产要比咱们的多，但却不见家家户户安装这么个"鸟笼子"，大抵人家的钱都存在银行的账上，购物消费刷个信用卡，而金银珠宝、财产证件都存放在银行保管箱里，有高科技设施和荷枪实弹的保卫员日夜守候而万无一失，也没让"梁上君子"们有可乘之机。

---

① 本文作于 2001 年 4 月。2001 年 4 月至 11 月这组金融杂谈为笔者在《海南特区报》工行专版所作的专稿，通过社会的各种现象，有针对性地普及金融知识，引导金融消费，受到了读者的广泛关注，获得时为海南省委常委、宣传部长的好评。

据笔者所知，工行海南省分行在海口金贸区的德派斯大厦的国贸支行开办银行保管箱业务，尽管其库房设备先进，装修豪华，具有防火、防盗、防潮、抗暴和抗震等多种功能，同时，该行为了促销这项业务，还采取最多5折的优惠，如长60厘米、宽12.7厘米、高7.6厘米的保管箱的年租金仅90元，比其体积大近7倍的特大型保管箱的年租金也仅371元，花小钱，保心安，本应是一项惠民的举措，然而开办已数年，总量4300个保管箱，目前保存的客户仅1050户，仅占四分之一的容量，这不得不引起关注经济生活的人们的深思。

首先值得思考的是，人们的安家理财的观念应随着社会的进步而不断得到更新。现今，大宗生意的交易和物品采购，可以通过银行的电子汇兑系统，全国各地24小时到账，快者2个小时款项就能到达，住宿、餐饮、商场购物，甚至是开车加油、缴交各项生活费用等，都可以通过银行信用卡刷卡结账，又何必"腰缠万贯"显山露水的，成为扒手们捕猎的目标呢？家里要有什么值钱的东西，包括金银首饰、珠宝、有价证件什么的，租个银行保管箱存放，用时支取，平时由银行保管，即使是"梁上君子"潜入家中，又有什么东西值得他们这些小人冒着身家性命的危险及弃廉耻于不顾去偷、去盗的呢？如果我们家居的阳台除却了樊笼似的防盗网，既节省了一笔不必要的住家开支，又能美化生活环境，舒展心灵，还符合消防要求，岂不更好！

银行部门也应反思自己提供的金融产品是否适销对路。特别是一出金融新品种，社会大众的认知度如何？比如保管箱业务，笔者认为银行的营销促销力度有待加大。无论是什么产品，用户都要先去认识它，继而才能信赖它。特别是金融新品种，要能营销到人们像熟悉日常用品那样的广度和深度才是它的成功之处。银行也有责任和义务培养社会大众符合新时代要求的理财消费的观念，培育新的客户群，推动社会的进步和发展，这也是银行部门如何提高它的服务质量的一个务实的课题。

一种值得倡导的 "家族基金"[①]

有位在银行工作的先生，是个公认的当家理财的好手。其父母仙逝后，他的几个兄弟姐妹一致委托他统筹处置一笔可观的遗产。可贵的是，他没有将父母留下的存款作加减乘除式的等量分割了之，而是采取"家族基金"的模式做了如下安排：先将其中的一部分钱为每人的子女买了一份寿险，让其细水长流，长期获得保障和收益；余款存在银行的一个户头里，再办个"存折炒股"的银证通户头，专门申购新股，一旦中签，待价而沽，赚个差价，使"家族基金"不断增值。

一笔遗产，世代受益，这就是这种"家族基金"的精华之所在。其一是先辈们受益。父母一辈子省吃俭用攒下一笔血汗钱委实不易，希冀的就是儿女们今后的日子要比自己过得更好更幸福。他们看到儿女们能够这样善待遗产，和睦相处，安居乐业，在天之灵会得到多大的慰藉！其二是儿辈们受益。常听闻一部分人为了多抢多占父母的遗产而闹得兄弟反目，六亲不认，或者将遗产分光吃光后家族成员之间断绝亲缘，不再往来。而这种"家族基金"，却成为兄弟姐妹之间增强亲和力和凝聚力的纽带，每当这种"家族基金"受益之时，大家更会缅怀前辈的恩德，感受到父母的爱抚，从而做到同甘共苦，有福同享，困难时相互帮衬。其三是孙辈后代们受益。"家族基金"不但让他们从小就有了一种学习生活的保障，而且更重要的是让他们从小就被中华民族优秀的传统美德所

---

① 本文作于 2001 年 8 月。

感染，也开始接受了持家理财的现代观念，有利于他们身心的健康成长。更为难能可贵的是，这种"家族基金"的运作不仅合理地继承了父母的物质遗产，而且还升华成了一种精神遗产！

这种"家族基金"还给我们两点启迪：一是能不能把这种"家族基金"推而广之，兄弟姐妹之间如此，亲朋好友之间也仿之，最终形成千百万个"互助基金"。如果我们的社会肌体拥有这么多稳定的良性细胞在循环，物质文明和精神文明将会得到更大的发展，社会将更加稳定安宁。二是我们的银行、保险公司等金融机构，要不断培育这种现代的持家理财观念，开办客户理财业务，引导大众合理消费与理财，这必定会获得社会效益和自身经营效益的双赢。

合理用好明天的钱①

艰苦奋斗、勤俭持家乃中华民族的传统美德，而银行和有关部门又在极力推动贷款买房、买车、买耐用消费品，甚至是贷款上学、治病、旅游等新时尚。好传统与新观念是否相悖而不可谓和呢？

前些时日，笔者在报纸上看到一则现代式寓言：一位美国老太太与一位中国老太太有幸在天堂相会，中国的老太太深有感触地说："这辈子不容易呵，辛辛苦苦攒钱盖上了新房，可我只住了一天就到天堂来了。"而美国的老太太也松了一口气说："是呵，我是住了一辈子的好房，可上天堂前的一天才还清了买房的贷款。"

当我还是个不谙世事的小孩子的时候，父母就为我将来的婚姻大事张罗开来了。20 世纪 60 年代初期一般员工的家庭，人均月收入 30 元可算是"中产阶级"了，当时许多生活日用品还是供给制，每人每年只有 13.6 尺的布票，1 尺卡其布 4 ~ 5 元不等，不但价高，而且还奇货可居，要排长龙般的队伍选购。父母攒了 10 多年，花了 1000 多元才存了好几十丈布料。为此，据说老爸连 2 角钱一杯的咖啡都舍不得喝，可怜天下父母心啊！可等到 80 年代初期当我结婚的时候，社会已进步到的确良、尼龙甚至是薄绒毛料的时代。结果，那堆质地虽好但硬邦邦的卡其布 1 尺都没有派上用场，连做尿布都要担心会磨伤孩子娇嫩的皮

---

① 本文作于 2001 年 9 月。

肤……

　　由此可见，消费理财观念与环境的不同，对人的一生的生活质量的影响会有多大！试想，假如中国早几十年实现了小康，有了一定社会财富的积累，银行早些年就开办个人消费信贷业务，那位中国老太太说不定也会迈入银行的大门贷款买房，早日实现她老人家的住房梦。假如我的父辈们早一天树立合理花费明天的钱的新消费理财观念，他们也不至于舍不得上回普通消费的茶馆而拼命为子女们攒钱积物，苛求自己，难得潇洒。所以说，现在大家要争辩的命题，已经不是明天的钱该不该花，而应该是怎样合理有度地使用好明天的钱。

　　所谓合理有度地用好明天的钱，就是要建立在社会经济发展、个人家庭经济收入状况以及对未来的期许与计划的基础上，量力而行，而非盲目的超前消费。从某种意义上说，合理恰当地使用明天的钱，反倒是个经济而实惠的抉择。譬如，本人的父母当初就有先知之明，选择置地购房，若银行当初就能开办住房消费信贷，在经济上助一把力，那么，60年代初期的1000多元很可能就会变成现今的几万元甚至是几十万元的家当。又如现在家境拮据而面临失学的贫困的大学生们，银行要能及时地贷出一笔助学贷款，支持其完成学业，很可能就会完全改变这些大学生们一生的命运，很可能又为国家培养和造就了一批明天的栋梁之才……

　　合理恰当地用好明天的钱，绝不等同于寅吃卯粮。我们反对的是对自己、对子孙不负责任的无度的透支、任意的挥霍，更需要提倡有计划的超前投资与有节度的超前消费。这非但不会有悖于中华民族的传统美德，反而恰恰是对现实生活的热爱、对事业的追求以及对未来美好生活的憧憬，激发人们奋发向上的精神。因此，我们可以为合理花好明天的钱鼓掌欢呼，让我们现在和将来的生活更美好、更精彩！

共同培育 e 时代的持币观^①

"一千不比八百现，八百不比六百贴身，六百不比四百花过瘾。"这虽然是海南方言的一句顺口溜，但却活灵活现地反映了相当一部分国人陈旧的持币观。

就在这种旧观念的支配下，演绎了太多啼笑皆非的活报剧。有人藏千金而不愿到银行开户存款，宁可买个保险柜足不出户提心吊胆地在家当个"守财奴"；或将现钞藏在墙洞里，埋在屋底下，以致霉烂之、鼠嚼之、火焚之、贼盗之而追悔莫及，时至今日媒体还常常拿这当新闻的报料；有腰缠万贯招摇过市显山露水的，被强盗们列为"重点关注的股东"。前些年还传闻有位大款雇保安租押钞车拉着几百万元现金到异地谈生意做买卖，还有的小商贩因为担心收到假币而眼睁睁看着顾客失望而去……

目前，我国发行的各种银行卡已超过了 3 亿张，但用卡环境和消费量都不尽如人意，持卡消费额仅占社会消费总额的 1%，受理各类银行卡的商户仅占总量的 3%，也就意味着在 97% 的商业场所只能用现金交易，这也是旧持币观的又一折射。

钱币从最早的贝多壳、金银元宝、铜板、交子、纸币至衍生到信用卡、电子货币等，虽从笨拙到轻巧，从有形到无形，但其职能作用基本

---

① 本文作于 2001 年 9 月。

不变，为什么人们就那么热衷于手持现金消费交易，而不愿意持卡消费呢？我们的政府官员、银行家、企业家们能不能从中找到问题的症结和发现新的商机呢？

我们不妨做个假定：如果社会大众都能接受新的持币消费观，如果我们的用卡环境、网上交易环境能够让顾客轻而易举地持卡消费、网上购物，那么，将会产生多大的连锁社会效益和经济效益？比如，作为央行的人民银行就没必要每年花费巨资印制新钞，全国的资金流量也就自然"提速"，减少无效的资金占压；商业银行就不必配备那么多出纳员，每天进行简单重复劳动，并从刷卡消费或网上购物的交易中多得一笔不菲的中间业务收入；商家就不会因为"三角债"或误收假币而蒙受损失；国家税务、工商、海关等部门就会强化防止走私漏税的监管手段而增加财政收入；因为减少了现金流通中病菌、病毒的感染传播，卫生防疫部门还减轻了工作压力；更重要的是我们社会的每个成员因之增强了持卡的安全感和刷卡时的尊优感……尽管这样的假定过于理想化，但可以说，人类对理想的每一个追求，必然会推动社会的不断进步与发展。

因此，在已跨入电子时代的当今社会，各行业都有职责和义务共同培育现代的持币消费观念，让我们社会的物质文明逐步向现代化迈进的同时，也使我们的思想观念、理财消费意识上升到现代化的层次。

保护好自己的金融秘密①

我们经常看到这样的场景：有些人拿着银行卡到银行的自动柜员机上取款，只把现钞拿走，机上打印出来的取款回单要么顺手一丢，要么让其嵌在机上未取；有些人图方便，把自己的银行卡和密码交给朋友代取款；有些人到银行储蓄柜台存取款，对填写不当的单证随手一扔或留在柜台上，不注意销毁……他们压根儿就没有想到，这会给社会上的一些不法之徒留下窃取他们金融机密和存款的很大隐患。

据《金融时报》报道，西安市破获了一起流窜西安、兰州、广州等城市，利用伪造信用卡和盗窃密码的办法大肆盗窃他人存款的高智商金融盗窃案件。据作案者交代，这伙人先在银行跟踪正在存款的银行用户，随机盗窃他人信用卡密码和拾取信用卡主人随手扔掉的银行客户通知单，然后伪造信用卡，再到银行自动柜员机盗取他人存款，仅10天的时间，就盗窃7.4万元。我们还能经常听到有些人的"知心朋友"窃取了其金融机密后，冒名顶替其取款后逃走或因此相互猜疑、反目成仇的传闻等。尽管不法之徒自有法律制裁，但不注意保护好自己的金融秘密，就给这些不法之徒以可乘之机，使自己蒙受不应有的经济损失。

因此，银行等金融部门应采取相应的措施，完善和严格执行为客户保密的各项制度，利用高科技保密手段掣肘高智商的金融盗窃，为客户

---

① 本文作于2001年9月。

提供诸如"一米线"等输密业务的安全环境等。银行客户要在自己头脑中多一根保密的弦，对个人存折、信用卡、存取款回单、证件、卡不要随意放置或丢置，保护好自己的金融财产。

从 《大富翁》 和 《富爸爸穷爸爸》 谈起[①]

《大富翁》是一种电子游戏，很受青少年的喜爱，即给你虚拟的20万元的财富，让你同几个对手竞争，把这20万元存在银行涨利息也好，投资股市买卖分红也好，或购买地皮、建造房子、参股经商等，将会使你的财富不断增值。然而，一旦你走私逃税、违法犯罪被告上法庭，蹲了监狱，或不注意健康和安全而住院治疗，非但不会使财富增值，反而要为此付出沉重的代价。这样月末年终结账，有的人财富成倍增长而成为百万富翁，有的因经营不善或作恶多端而破产。这种游戏从积极的一面来看待，对培养青少年当家理财的意识不无好处。

无独有偶，最近畅销一本叫《富爸爸穷爸爸》的书，英文版销量突破200万册，中文版印刷了10次。笔者近日跑遍了海口的几家书店都报脱销。这是一本开启人们"财商"的书，从细小的个人理财技巧到全新的"财商"概念，给人一种全新的感觉。尽管国情有别，不能照搬照抄，但人们有了这种创造价值、积累财富的意识，这是我们社会进步与发展的一种体现。

由此而联想到，我们的为人父母、为人祖父母者们，都想望子成龙，都想给后辈们留下更多的财富，却委少有人会想到如何培养孩子们从小就学会理财、创造财富。每逢过节、过生日，总会给孩子们买礼物、塞

---

① 本文作于2001年10月。

179

红包，却忽视孩子们如何看待与处置这些礼物和钱财，更极少想到要通过这些礼物和钱财，给孩子们必要的勤俭节约传统美德的教育和"财商"的启蒙。于是乎，通常孩子们得到红包后，要么买了他们喜爱的玩具，要么买了零食，甚至邀集几个亲朋好友下馆子泡网吧吃光花光。也极少有人会想到把钱存入银行、买保险留待上大学时花费，而想到集腋成裘投资国债、基金、股票或集邮、集币以获取更多收益回报的人更是凤毛麟角。对此，我们的为人父母者，我们社会的有关机构，应有什么样的反思与作为呢？

首先，我们的为人父母者，能不能改变一下给孩子们送礼物、塞红包的思路？比如说，送一本《富爸爸穷爸爸》的书，让孩子们自己去学习与领会父母的良苦用心，蛋糕可以解一时之馋，玩具可以过一时之瘾，而能给孩子们当家理财的知识，却会让孩子们受益终身。又比如说，给孩子们的红包里不再是零花钱，而是一本存折、一张银行信用卡、一张保险单据、一版邮票、一份股票交易单（哪怕是 100 股也好），然后再告诉孩子们使用与操作的方法，逐渐培养孩子们理财经营的兴趣，不断增长阅历与见识。南京有位 19 岁的高中生，10 岁时就发现美元对人民币汇率在走高，建议爸爸投资 2 万元人民币兑换成美元，半年后卖出时获利 1 万多元人民币。上小学二年级时，他也开始投资邮票，100 多元的本钱不到 1 年的时间就增值为 3000 元，后来，还学会了炒股，分析股票行情，到他高中毕业的时候，他的账户里已经有了自己创造的 50 万元的财富。所以说，只要父母引导得当，很可能使孩子们通过自己的努力成为善于持家理财的富翁，既减轻父母赡养的压力，又能使孩子及早掌握生活的技能，何乐而不为？

　　其次，我们社会的有关机构，特别是银行、保险、证券等金融部门，能不能针对青少年这个广大的客户群，多开发适销对路受青睐的金融产品，既达到培养青少年勤俭节约、艰苦奋斗品德的社会效益，又能获得开拓业务、增加收入的经营效益？目前，适合青少年的金融产品太少，条件也较高，如教育储蓄在适用范围、存款数额上受到一定的限制，难以拓宽市场，专门以孩子们为客户的经纪公司和共同基金还是空白。而在美国，几乎每一家纪纪公司都为客户代孩子开立股票或共同基金账户，还有几家设立了特别的儿童基金，USAA 首次成长基金，年获利更高达40％。还有的此类基金，开设的账户不可撤销，受益人至少在 10 年内或直到成年以前，不得出售所持的基金，这样有益于青少年身心健康成长，为他们提供未来学习与生活的保障。诸如这种十年树木，百年树人，益于社会，益于家庭，益于个人的事情，是不是应该得到更多的鼓励与扶持、更大的投入与开发呢？

银行卡要走进大排档[①]

我国是发展中国家，改革开放与经济的持续发展使人民群众迈上了小康台阶，但还谈不上很富裕。因此，物美价廉的货仓式销售、大排档式的消费能够吸引众多的顾客。尽管单个顾客的消费额不高，但这种消费群体巨大，完全能够汇集为消费的汪洋大海，为银行卡的营销提供更为广阔的市场空间。

然而，据有关资料显示，尽管我国已有55家金融机构发行了近3亿张银行卡，但持卡消费仅占社会消费总量的1%，特约商户也仅占商户总量的3%，形成了极不对称的反差，留待我们金融部门反省。

首先，银行应调整银行卡的营销策略。过去营销银行卡时，银行总喜欢把持卡消费当做是一种高贵身份的象征，在发展特约商户时，偏重于大型商场、星级酒店等高消费场所，而在货仓、大排档等场所特约商户的培育和发展上却乏善可陈，在很大程度上制约了众多持卡人持卡消费的选择空间。因此，银行卡的营销要放下"贵族"的架子，走"平民化"的路子。

其次，要营造适合平民大众持卡消费的用卡环境，善于引导平民大众持卡消费。一是要解决中小商户业主担忧银行收取持卡消费手续费而使之利益分流的思想问题，并通过银行信贷、资金汇划、经营理财、信

---

① 本文作于2001年11月。

息咨询等金融配套服务，扶持中小商户的发展，通过持卡消费增加这些中小商户的客源及销售额，达到银行和商户双赢、提高中小商户的经营品位的目的；二是要通过积分奖励、让利销售、在一定期限内透支免息等形式，鼓励平民大众持卡消费，在社会经济生活中营造一种以持卡消费为荣为乐、持卡消费有利有益的良好氛围；三是要不断利用高科技手段优化用卡环境，提高身份鉴别、风险防范和安全保密能力，增强银行卡的各种功能，让大众能够感觉到银行卡有用、好用，从而爱用、必用；四是金融部门要与税务（因其持卡消费而按章纳税）、工商（明码实价）、卫生防疫等部门联动，对表现较好的中小型特约商户给予表彰奖励，提高其美誉度，调动其积极性。

作者在主持牡丹金山卡合作仪式

保险叩响您家门[①]

11 月 9 日至 13 日的世贸组织多哈会议上，中国经过 15 年不懈的努力，将大步迈入世界贸易组织，中国的大门将向世界更加敞开，世界各大保险公司将争先恐后涌入国门。不期然，又会有哪家保险公司的客户经理叩响您家的大门。

"9·11"恐怖事件，可以说是美国历史上很惨重的一次灾难，也把与此相关联的 100 多家保险公司害惨了。据国际知名资信评估机构美国穆迪投资者服务公司（Moody's Investor Service）预测，这一事件将使全球大批保险公司的赔付总额高达 150 亿~300 亿美元。然而，它也从另一个侧面让世人更加清醒地认识到，天灾人祸时刻都伴随着我们的左右，哪怕像美国这么一个大国也难逃一劫，从而增强了人们的风险防范意识，尤其是参加保险的意识。

无巧不成书，近日笔者收到了平安保险公司的一封通知函，告知笔者参加了该公司的一份寿险已满 5 年，近日可携带有关证件，到保险公司去领取第一次占其保额 20% 的生存保险，以后每 5 年就有一次预期的收获，心里不由得涌现出一种舒适满意的收获感。

您说，保险离咱们社会大众还会有多远？

---

① 本文作于 2001 年 11 月。

　　就我国的金融业而言，国内保险公司的经营理念、运作模式是最早向国际惯例靠拢的行业，也使笔者感受到客户经理个性化的优质服务。5年前，笔者接受了一位保险客户经理的营销，买了一份寿险，此后每年都会收到一份热情洋溢的贺年卡，每逢生日、节日还能收到祝福电话……每逢此情此景，笔者就想，如果咱们的银行业、服务业乃至政府机关的权力审批部门，都能像保险公司这样给客户个性化、无微不至的服务，党风、行风和民风哪有不好转之理？要想感受一下"顾客就是上帝"的滋味，就去投一份保险吧。

　　"9·11"恐怖事件的无辜受害者，可以说大部分都是业界的精英和家庭的主心骨，如果这些人没有风险防范和保险的意识，仅靠国家的援助，那么即便像美国这样的富国，也难以使受损的企业恢复元气、受害的家庭得到长期的经济补偿。但他们投保了以后，保险公司的赔偿，则会使受损的企业恢复元气，受害人的家庭在失去主要收入者后生活得到基本的保障，这难道不是我们每个企业和家庭所期望的吗？

　　笔者投保的寿险，是一种带有储蓄性质的保险。各家保险公司还开发了带有投资分红性质的保险，相信今后还将开发出各种适销对路的保险品种供社会大众选择。保险已逐步成为一种投资理财的门路，形成一种增加大众收入、积累社会财富、造福社会大众的良性的资金运作链条，笔者对其前景非常看好。

　　您说，保险离咱们心中的期许还会有多远？

走进银行博物馆^①

　　春暖花开时节，大伙儿都到周庄浏览湖光水色去了，我则利用这次出差的机会，独自到上海浦东参观目前我国唯一的一家银行博物馆。

　　上海市银行博物馆坐落于工行上海市分行营业办公大楼第七层，占地1000多平方米。有主人祝博士的陪同，讲解小姐引导我们浏览了馆内所收藏的2000余件银行（还有银行前身的钱庄）不同时期的印章、存折、徽章、账册、支票、钱币以及各类业务器具等展品。有几件珍贵的文物让我们驻足良久，联想良多……

　　展柜里陈列着一件20世纪三四十年代上海大康银行的储蓄宣传品"扑满"，印铁制成的圆形罐状，直径约9公分，四周还印有"利息优厚"等宣传广告语，显得小巧玲珑。据讲解员介绍，这件文物是中国工商银行行长姜建清先生（现任中国工商银行股份有限公司董事长）捐赠的，多年前他在上海工作期间，偶然在古玩市场地摊上觅见此物，买了下来。再后来他当了上海市分行的行长，萌生了建立银行博物馆的构想，并将其变成现实，可见他独具的慧眼以及厚实的历史责任感与使命感。

　　大抵每月领工资的人都有一两本银行存折，可这展柜里有一本"存折"的来历，或许现在的年轻人知道得不多。原来，过去人们到钱庄存

---

　　① 这是笔者参观工行在上海设立的银行博物馆后的札记，由此，当时笔者还提出设立"金融旅游"的思路建议，以此传承金融历史，普及金融知识。
　　本文作于2003年4月。

钱，钱庄就给他一个可折拢可拉开的折子，折子上均用毛笔直行书写记账，这样的"存折"装在一个封套里，上面记着户名。现在所谓的储蓄存折就是由此沿用而来的。如果当时钱庄用的是现在的这种存折，那就不叫"存折"而叫"存本"、"存册"什么的了。

名人也是人，也是饮食男女，也会与银行打交道。据博物馆的范永林先生撰文介绍，1955 年，时属公私合营银行的中南银行因保管箱业务库房要作他用，就在报上刊登启事并专函通告有关客户，限时办理退租，逾期将由公证处例行公证协同破箱。在清理中发现一个名叫"陈仲香"的租户，268 号租箱里有一沓何香凝的私人信件和 12 张毛泽东、朱德的照片，还有文件、银圆等重要物品。事隔 16 年，时世变迁，何香凝所存之物安然无恙回到手里，自然十分高兴，还用毛笔签名回复了一封感谢信。由上可见上世纪 30 年代的大都市上海金融业的兴盛，以及前辈革命家利用银行保管箱来掩护和珍藏革命文件与资料而与银行结下的一段"缘"。

银行博物馆还藏有一台美国出产的旧式银行记账机，这种记账机用铁架支撑，像个立式打字机，具有记账、计算等功能，它出产于上世纪 20 年代，40 年代被上海银行引进使用，一直沿用到 80 年代。当美国 NCL 公司在上海的办事处得知银行博物馆保存一台国民牌记账机时，立即派人来察看，并送来了当年操作该记账机情景的照片，还想以重金赎回自己公司也已"绝迹"的这件"绝品"。

走出银行博物馆，我们便来到范永林先生的办公室，我与他有过近十年的交往，聊得很投机，随意地谈起银行博物馆的话题。

银行博物馆由中国工商银行创办，既体现了行领导注重企业文化建设的真知灼见，也与工行作为我国最大的商业银行乃至国际著名大银行所处的地位相称。浏览一番博物馆，打开了眼界，增长了知识，拓展了思路。于是，我向范先生提出了几个想法。

首先，定位能不能再高一些？把它逐步办成国家银行博物馆。这样，博物馆的地位更高，馆藏更丰富，拓展空间更大。

其次，馆藏能不能再大一些？可以办成多项分馆，如银行历史文物馆、钱币馆、银行专业图书馆、银行业务展示厅等等。

再次，挖掘能不能再深一些？充分发挥博物馆资源的作用，举办多种全国性的、专题性的会展活动，如银行金融报刊展、业务宣传折页资料礼品展、机具展、集邮展、美术摄影展、银行理论业务讲座等等。

最后，我还与他聊起萌生于3年前的一个设想：选一个繁华的都市或旅游地区，找一个最理想的地段，建一个银行旅游主题项目。按工行CI形象策划标准，在一层楼建一个标准的宽敞的营业网点，选配高素质的代表工行形象的员工，配备最现代的机具设备，开办工行所有能够办理的业务，为客户提供最规范的优质服务，也就是建立一个开放的、现代的、全能的、示范的银行网点，使之成为中国工商银行企业文化建设的标本，乃至现代中国商业银行的缩影。二层以上就是银行博物馆、银行专业图书馆、古今中外钱币馆以及各种关于银行主题的展示厅、报告厅和纪念品商场等。它有如下作用：对内，它是工行员工和基层骨干的培训基地。常言道，耳听是虚，眼见为实。工行的全能化、规范化服务如何？组织大家来看一看，感同身受，效果一定很好。同时，这个网点的员工实行定期轮换制，走出去的员工就能直接成为基层网点的骨干，像播撒出去的种子一样。让工行企业文化在各地的网点生根发芽。对外，与大、中学校和旅游部门配合，作为中学生和财经专业的大学生的第二课堂，加深其对银行业的感性的了解；对中外游客开放，让大家了解我国银行和钱币的历史与现状。相信以"钱"为主题的旅游，许多人都会饶有兴趣，很有拓展的空间……说到此处，祝博士更有高招，他说，上海要办世界博览会，这个设想要在上海成为现实，将会为世界博览会锦上添花！

　　走进银行博物馆，不虚此行，受益匪浅。走出银行博物馆，思路开阔，前景诱人。

"输血" 与 "造血"^①

《海南日报》今年 8 月 25 日头版刊发了《中海油解学子燃眉之急》的报道，称中海油公司今年将拨出 150 万元，为 300 名贫困优秀大学新生解决交不起学费的燃眉之急，并拿出 1000 万元连续几年开展此项善举，看到这则报道，我不禁为中海油这种节省部分广告费给我省贫困大学生扶助的义举叫好。另外，今年 6 月 6 日，同样是《海南日报》头版刊登的《逾六成学生没有如期还贷》的专题文章却令人生忧，既忧这部分国家助学贷款的受惠者信用缺失，也忧助学贷款难以为继。

那么，能否把好事做得越大越久，坏事化小化无？由此，笔者建议把捐助改为资助，变"输血型助学"为"造血型助学"。即由省政府相关部门和社会各企业、各团体组成一个"助学担保管理中心"，制定相应管理办法，接受社会各界（包括海外侨胞）资助，负责具体助学事务管理工作等。部分省市已有先例，他山之石，可为我用，其好处是：

1. 能够医治"信用贫血"。首先，要解决部分大学生的信用缺失问题，就要从受助大学生的信用意识的教育培养抓起：既然政府和社会各界热心企业、人士帮助自己完成学业，毕业就业后就应先尽责任义务回报党和政府的关怀、社会各界的资助，让更多的后来人也得到助学。其

---

① 一方面是共同呼吁的资助贫困大学生读书，另一方面是被助学贷款扶助的大学生毕业后逃债废债。本文试图针对这组矛盾，提出个人的见解与可行性建议。

本文作于 2004 年 8 月。

次，受助大学生毕业就业后，首先要偿还助学贷款，这是对一个受助大学生最起码的诚信要求。将此项工作作为加强大学生思想道德教育的主要内容来抓，政府应该起到导向作用。

2. 能够促进解决信用体系不健全的问题。以中海油的 1000 万元扶贫助学费为例，如果将其作为助学贷款的担保基金，而不是无偿的捐助贫困学生的基金，可起如下作用：一是改善我省助学贷款的信用环境。如果银行的助学贷款还款来源都有保证，可以增强商业银行发放助学贷款的积极性，而不会出现"雷声大、雨点小"的现象。二是让更多的贫困学生受益。首先，中海油的 1000 万元扶贫助学资金毕竟有限，1 年的银行存款利息屈指可数，难以再生，而每年投入 150 万元资助 300 名大学生，4 年一个大学周期就花费 600 万元，也仅 300 个大学生受益。但报载有 1533 份申请，大部分人可望而不可即。其次，如果用做担保资金，以 1:5 的信用额度发放助学贷款，可以发放 5000 万元助学贷款，可以一次性给 1 万名贫困生助学贷款，受惠面成 30 倍数增加，而且 1000 万元的基金非但不会有太大的缺失（已把个别大学生有意或无能力还贷因素考虑在内），且通过银行理财，不断增值滚大，岂不是一举数得的好事，何乐而不为？

两起假钞事件引发的思考①

2005年9月中上旬，我行的中兴支行和那大所前后发生了两起客户投诉的假钞事件，由于态度、处理方式不同，出现了两种截然不同的结果，从中既能看到我行职业道德教育、文明服务工作的"盲区"及薄弱环节，也通过对比分析留给我们应吸取的教训及新的启迪。

9月初，市工商局领导顶着各种压力，将本单位的基本账户移到我行，并同我行签订了300多位员工的代发工资协议。然而好事多磨，第一次为该局员工代发工资时，就出现了一个小小的"不和谐音符"。原来，该局有位退休老员工持工资存折到中兴支行领了1500元的工资款，回家后不久又匆匆赶回中兴支行，说他从中兴支行取的15张百元钞中有一张是假钞。中兴支行接到客户投诉后，认真调阅了当时办业务的录像资料，录像显示当时我行经办柜员将15张百元钞在防伪点钞机上正反3次复点通过后，才交到客户手中，而客户拿来的那张假钞反复几次，最后甚至连同真币一起"夹板"试验，都被防伪点钞机检验出来不予通过。该客户看录像后再亲眼目睹测试的过程，已经心服口服，完全解除对我行"出假钞"的猜疑，追忆起来可能是自己回家后将400元生活费交给老伴，老伴当天去买米与小商贩交易时被"掉了包"。事件发生后，支行很

---

① 儋州市支行的两起假钞事件的两种不同的态度引发的服务投诉给银行敲响警钟。本文利用员工身边发生的案例，深入浅出，讲道理，讲后果，讲正确的处理方法，员工容易理解与接受。

本文作于2005年9月。

重视，两位行长亲自到市工商局领导办公室通报了处理的全过程，得到该局领导的理解和支持。同时，该事件的妥善处理，也缓解了该局领导将基本账户移走所承受的另一方面压力。

9 月 18 日中秋节，那大所却出现了银客双方极不愉快的场面。当天，新州中学一位老师的妻子到该所取款 2 万元，转存到中兴支行，尔后该老师拿回一张百元假钞，说是从那大所取来的一张假币。按银行在柜台上的告示，现金取出离开营业门口后，出现差错或假币银行概不负责（该所柜台外也配备了客户验钞用的防伪点钞机）。那大所负责人接到投诉后，调看了当时的录像并检验了那张假钞，情况同中兴支行发生的事件如出一辙，但该负责人请投诉客户一起看录像被拒。该客户表现得情绪激动，手拍柜台和防弹玻璃且出言不逊，那大所柜员和负责人没有采取妥善的方式处理，却被其情绪所激，出现同客户争执不休的恶劣情况，造成围观群众增多，出现有损我行服务形象和企业信誉的最不该发生的局面。尔后客户投诉到《海南日报》驻儋州市记者站，报社记者当即赶到现场，目睹了事件的争执过程，准备就我行柜员及负责人的服务态度问题拟发负面报道，险些酿出更为严重的新闻危机事件，给工行造成更大的负面影响。幸好我行及时采取相应措施，避免了该风波造成的恶果。

上述两起假钞事件的处理方式和结果，让我们从中发现了问题的严重性和解决问题的紧迫性。

其一，我行现代商业银行的观念教育、职业道德教育还远远没有到位，文明优质服务工作还远远没有落实到每位员工的言行和每项业务当中。现代商业银行的理念是什么？说白了，就是以客户为中心，在依法合规稳健经营的前提下，追求利润的最大化。那么，咱们的每位员工特别是中层骨干，都做到以客户为中心了吗？柜员在营业时同客户发生顶撞，都要受到批评，何况一个网点的负责人，还做出这样不该做的事，这不都反映了我行平时的教育和引导很不到位吗？这个责任我行党总支理应要承担，而作为一行之长的我更要负主要的责任！这一事件发生在开展保持共产党员先进性教育期间，我行党总支要把其当做一个严重的问题，给予高度的重视与整改。

其二，如何妥善处理危机事件，是我行每位员工都要强补的一堂必修课。在日常的工作中，我们接到客户的投诉在所难免、不足为奇，可问题的症结是，在许许多多的投诉事件中，总行、省分行本来已经有一整套的处理规则，甚至有案例可循，但咱们的员工甚至中层骨干却临柜临场发挥失常，犯了非常低级的也是最不应该犯的错误。试想，如果"那大所事件"的争执升级成肢体冲撞，如果作为海南主体媒体的《海南日报》作出负面报道，受到最大伤害的将会是谁？首先肯定是工行！目前在国内商业银行金融产品的同质化尚严重的前提下，核心竞争力的主要表现就在服务的质量方面。如果咱们在这方面捅了娄子，不是削弱了工行的核心竞争力了吗？其次就是儋州市支行。前不久，儋州市委、市政府还做出文明办公、高效率服务的决定，并支持新闻媒体加强舆论监督。如果咱们的行为同当地党政部门的规定背道而驰，久而久之，儋州市支行在当地同业竞争中还有发言权、还有立足发展之地吗？最后，最直接受伤害的是自己！媒体一旦曝光，省分行、支行一定会追究当事人的责任，轻则通报批评、经济处罚，重则下岗、受行政处分。本意是为了工作，这样的结果谁又愿意看到？因此，作为服务窗口单位的银行，作为营业网点直接面对客户的柜员、大堂经理、网点负责人，就要有接受客户、媒体服务监督的基本素质，甚至要有为了工行的大局利益，个人难免受到各种委屈的心理准备，就要学会自觉维护提高工行信誉、树立儋州市支行的良好形象、保护好自己的职业生命线的本事与坚韧！

其三，出现了严重的问题应该怎么办？我想，解铃还需系铃人，那大所首先应该就这一假钞事件向客户赔礼道歉，取得客户的谅解。然后组织全所员工针对这一事件举一反三，对照检查柜台服务中存在的各种问题和采取整改的措施。而该所的负责人更要高姿态地负起责任，并及时向支行报告整改措施和结果。做工作就会有犯错误的可能，这并不可怕，可怕的是错而不改，再犯重复低级的错误。此外，支行要以中兴支行和那大所两起假钞事件两种不同态度、不同结果作为案例，在全行员工当中开展一次广泛的分析讨论，进行一次深刻的现代商业银行的经营理念教育、职业道德教育，今后杜绝与客户争吵现象的发生。支行党总支要把先进性教育活动评议整改中发现的问题，同支行业务发展中表现出来的突出问题结合起来进行剖析研究、认真整改，真正把"三个代表"重要思想落实到咱们的言行当中，做到"两不误两促进"，促进党员群众思想素质的提高，促进我行各项业务的稳健发展。

读两则 "下跪" 新闻有感[①]

同是一份《商旅报》，今年 7 月 28 日与 8 月 8 日分别刊载了两条 "下跪" 的新闻。

7 月 28 日 "下跪" 新闻是：云南一位取得某银行 30 年最长贷款期限 25 万元住房贷款的客户，银行本已经给其提前 21 年归还贷款的宽限，而其为了提早一个月归还余下的 3 万元贷款，因约定条件不许可，竟然当众特别是当着自己爱人的面下跪求情。而这家银行竟然也来个 "特事特办"，给予其办理了提前还款。

8 月 8 日 "下跪" 的新闻是：海南一名中途不得已放弃培训的贫困山区的男学员为退还东拼西凑借来缴交的 2400 元培训费而当众下跪，某电脑学校念其家境贫困破例退还所有费用 2900 元。

作为一名银行的从业人员，读了这两则 "下跪" 的新闻，也生发了两种截然不同的感慨。

首先，为某电脑培训学校的举措拍案叫好，非但退还下跪贫困男生所要求的 2400 元学费，而且全额退回 2900 元的所有费用。毕竟，关爱弱

---

① 这是一篇金融时评。客户下跪就不按合同给其提前一个月还款，并不等于优质服务。银行是最需按规矩办事的企业，也因此才能赢得客户的好评，而不能一味迎合一些客户的过分要求，削弱银行的信誉。
本文作于 2007 年 8 月。

势群体是我们这个社会应有的公德，该学校看来是少收入 2900 元办了一件善事，实际上却获得了物超所值的良好的社会形象！

其次，为这家银行息事宁人的处理方式扼腕叹息并怒其不争。原来的贷款合同有"提前还贷"的条款，但也有"提前一个月预约"的前提条件，用律师的话来说，双方都有义务严格履行。银行按合同履行不许其在不提前一个月预约的前提下提前还贷，主张自己的权利合理合法，无可非议，根本不存在"霸王条款"之嫌，又何必要"特事特办"给其提前还贷！其间，客户还抱怨"前几次提前还款怎么不需要预约"。虽然银行可以放弃自己的权利让利客户，但之前办理提前还贷的员工不应该无视合同条款，应该要求客户提前一个月预约，依章办事，以免给客户留下银行随心所欲、规则善变的印象。

抛开该客户这种做法的理性与否不说，单就银行"特事特办"的处理方式，笔者认为有如下不当之处：

1. 削弱了银行良好的社会形象与信誉。中国的银行素有"铁账、铁款、铁算盘"与执规严谨办事的美誉度。而这家银行在上述这一"提前还贷"的个案中，既有法律上的胜算，也有情理中的余地（该客户能拿出 3 万元提前还贷，想必不会是贫困的弱势群体）。因此，一个信誉卓著的银行，理应是最讲信用、经营作风严谨的银行。对客户的利益该给的一分都不能少。同样，银行依法合规所取得的经营利益，该得的也理应一分不让。特别是上市银行，为了股东的利益更应如此！而在这例个案中，银行的"特事特办"，一方面给社会公众留下银行"理不直气不壮"的不良印象，另一方面也给公众引发银行经营不严谨的想法。

2. 反映了银行从业人员效益成本观念的缺失。银行的负债业务是有成本的，从资产业务中赚取合规合法的利益是经营的目的。银行在提前还贷的客户面前，要充分说明这个筹码，得到客户充分的理解，以利于借贷双方的互利互惠的合作。可以设想，假如在这例个案中，银行的行长也"下跪"让客户履行合同，想必银行的股东、社会大众都会拍手叫好！为了股东的利益、社会大众的利益、国家民族的利益，我们的行长能这样"下跪"就伟大了！这则要酿成新闻危机的事件就可以转化为正面新闻策划的经典了。

3. 这种息事宁人的做法避免和解决不了新闻危机。近一段时期以来，社会媒体的"银行收费风波"、"银行排长队风波"、"信用卡与存款冒领事件"等负面新闻不断，也在不断地拷问银行系统处理新闻危机的水平和能力。而各家银行积极应对，变压力为动力，把"坏事"做成"好事"，妥善处理新闻危机的经典案例却极为鲜见。事实也是如此，媒体把这一个案捅出来，银行并没有获得良好的印象分，却适得其反，"特事特办"解决了某个客户的要求，后面又会有千百个客户到千百家银行来也要求"特事特办"，负面新闻的负面效应还会延续。

谁都不是天才，吃一堑才能长一智。剖析这一个案的失误，会让我们的银行从业人员尽快成熟起来，尽快成为一个真正的银行家，经营真正国际一流的商业银行。

荔枝红了[①]

剧中人：爸：老万大哥，荔枝种植专业户
　　　　妈：老万大嫂，农村家庭主妇
　　　　女：在校大学生
　　　　众：儋州调声队

一女：哎，荔枝红了，把丰收的歌儿唱起来啊！

众（齐上）：来啦。

一女拉万嫂上：老万大嫂，来吧。（众姐妹齐拉：来吧）

一男（忽叫）：哎，老万大嫂，这么热闹的时候不见了风情万种的大哥，
　　　让人不放心哦！

众（齐起哄）：哦，有点危险哦！

老万大嫂：他敢，我这就找他去。（在众人起哄声中急下）

一男：哎，老万大哥是咱村的荔枝种植状元户，我们到他家找他去，好
　　　不好？

众：好。

男：走啊！（齐下）

爸（放好酒瓶酒杯走上）：早该我老万上场了，好戏就要开场了。（好走
　　　上）今天啊，是三喜临门用了点心计，我老万就是有点气，也多亏

---

① 本小品与万宝珑（时为儋州市支行理财中心副经理）、曾继伟（时为儋州市支行副行
长）合作，作于 2004 年 6 月，修改于 2007 年 8 月。

了银行的服务得力，要让老妈子惊喜肯定是不费吹灰之力。哟，我
怎么看她上气不接下气。

妈（闯进门）：老头子啊，全村人都在庆祝荔枝丰收了，你还待在家里干
什么呀？

爸：今天啊哪儿都不去了，就在家里庆祝了。你看，都安排妥当了，就
等你"上当了"。

妈：你说什么"上当"？

爸：我说，就等你上场了。（向观众）差点说漏嘴了。

妈（惊讶地）：老头子，你不是一向喜欢凑热闹吗？

爸：是啊，等一会儿家里就更热闹了。

妈：又胡说八道了。你到底去不去？

爸：不去。（两人拉扯）

女（走上敲门）：爸、妈，我回来了。

妈（喜出望外）：闺女呀，你怎么这么快就从学校回来了？

女：妈，我坐飞机回来当然快了，你不知道吗？

妈：我怎么知道？哦，老头子，是不是你瞒着我？

爸：（故作不理，作搂抱女状，学贾宝玉的越剧唱腔）"天上掉下个林妹
妹"。

女（唱）："似一朵轻云刚出岫"。

妈（向观众）：姜昆碰上阿凡提，一对老顽皮。

女（关心地）：老爸，咱家荔枝今年长得怎么样了？

爸（双手一摊，狡黠地叹了一口气）：哎，别提了，全完了，什么都
完了！

妈（失色）：荔枝怎么会全完了？是被偷了还是被抢了？

爸（乐哈哈地）：老妈子，今天咱们家是三喜临门。这第一大喜啊，就是
　　咱家100亩妃子笑荔枝，全被港商包销完了！全完了!! 这回咱家赚
　　大了！

妈（释怀地）：死老头子，吓我一跳！那我问你，钱呢？

爸（明知故问）：钱？什么钱？

妈（大声地）：卖荔——枝——的钱！

爸：也完了！真的完了！

女：老爸，你是搓麻将赌光了，还是"打"彩票打光了？

爸（摇摇头）：都不是。

妈：那你到底把钱拿到哪去了？

爸（装作得意地）：我把卖荔枝的20万块钱，都交给一个漂亮的小姐啦。

妈：哟，有了一点小钱，就学会泡妞了。

女：老爸，就你那黑炭模样，哪会有人看上。

爸：我一出手就是20万，一看就是大腕。（摆个大款架式）

女：老爸，（模仿爸）这哪像什么大腕，倒像是出卖色相。

爸：出卖色相？（摆姿势，后感觉不好意思）还真有点像。

妈：你说，把钱送给哪个狐狸精了？

爸：说就说，我把钱交给银行那个漂亮的小姐啦。

妈：哎哟，看不出啊臭老万，泡妞还泡出高档的妞。

爸：不相信！哼，告诉你们吧，我和她都一起办证了。

妈（真的急了）：你说什么？

女：老爸，你太过分了。

爸（从帆布包里拿出一张卡）：你们看，这就是银行那个漂亮小姐和我一
　　起办的证件。

妈（抢过卡）：死老头子，我一直以为你有贼心没贼胆，没想到——哎，银行理财金账户，这到底是怎么回事？

爸：嘿嘿，老妈子，我是逗你玩的，其实是银行小姐帮我办了这张理财金账户贵宾卡，把20万块钱存起来了。

妈：逗我玩，那我就跟你玩。（揪爸耳朵）"左三圈右三圈脖子扭扭屁股扭扭"（松手），哼！

爸：老妈子，（边擦耳朵边用肘捅妈胳膊）不生气哦！你都知道了，我一向不喜欢温柔的，就喜欢你这种泼辣出手狠的。

妈（恍然拦住）：哎，老头子，今年的荔枝卖了可不止20万块钱吧。

爸（装作无辜地）：我不是还主动汇钱给闺女坐飞机回家吗，要不哪有咱们家今天的第二件大喜事啊？（边走边唱）"天上掉下个林妹妹"。（边唱边从包里掏出手提电脑）

女：哇，是手提电脑，老爸都会玩高科技了。

爸：小儿科啦。银行小姐给我办了个人网上银行，只要用这个玩意儿上网点一点啊，吱溜一秒钟汇款就能到账，速度快过美国打伊拉克的那个导弹。

妈：真有那么快吗？

女：妈，那是银行的电子速汇业务，又快又方便。

爸：闺女呀，有了这个家伙，以后不用出门也能汇款，这就叫把银行搬回家。

女：老爸，你太了不起了。我给你敬酒。

妈：别忙，老头子！这一张机票就把剩下的钱花光了？你以为闺女回来我就乐昏头了。

女：老爸，你还留了一手啊！

爸：闺女，你说对了，老爸是留了一手。（转身从包里拿东西）这一手啊要让你妈——

女：怎么样？

爸：倾倒！（从包里拿出一张单子）当当当当（哼命运交响曲）老妈子呀，今天我们家是三喜临门，这第三大喜事就是（把单子递给妈唱）祝你生日快乐，（父女齐唱）祝你生日快乐。

妈：哦，还真是的，我都给忘了。

女：妈，老爸早就计划好了，还要我特地今天飞回来呢！

爸：老妈子，女儿回家算是给你的生日惊喜，再另外给你送份大礼。（递单子）

妈：这又是什么呀？花花绿绿的，不就是一张纸吗？

女（抢过来一看）：妈，这是银行代理的 5 万元理财寿险保险单。

妈：这保险有什么好呀？

女：妈，现在时兴家庭理财，这保险啊，是必不可少的。

爸：银行小姐说了，现在农民生活也要与时俱进，家庭理财讲究合理性，入市有风险，炒股要冷静，基金保值增值比较稳定，保险是致富保障，更要适当买进。

女：老爸，你实在太了不起了。

爸：老妈子，有了这个啊，咱老头老妈子的美好未来，就会有保障啰！

女：老爸，你留的这一手太漂亮了！

妈：哼，糖衣炮弹，你老妈可不会轻易上当！

女：妈，你这是扔了腰果砸豆腐——（爸：怎么讲）软硬不吃！

爸：就是。

妈：那是因为你老爸花花肠子太多了。老头子，我们家 100 亩妃子笑荔枝，怎么也得卖个三四十万吧。你说，20 万存款，5 万保险，那其余的钱呢？

爸（叹气）：闺女啊，你爸这辈子算是栽在你妈手里了，你妈太厉害了。

妈：老实交代吧！

女：老爸，你又留了一手啊！

爸：我是留了最后一手，可我现在拿不出手啊！

妈：装啊，我看你这回怎么蒙混过关。

爸：冤枉啊，太冤枉了，真是喊天天不应，喊地地不灵啊。（正在这时，手机响了，老万一看，喜出望外）哎，显灵了，显灵了，银行显灵了。

妈：又发神经了。

爸：不是发神经，是发短信息了——银行温馨提醒：尊敬的客户，10 万元已转到您的账户。（向观众）呵，多么温馨的温馨提醒啊，银行太神了！

妈：快说，这到底是怎么回事？

爸：这是银行小姐帮我开办的账户信使服务，只要账户余额有变动，立刻就会发短信提醒我。

妈：那这 10 万元？（恍然大悟）哦，这是港商汇过来的？！

爸：对了，这是港商包销我们家荔枝付的最后一笔款，刚刚到账。

女：银行太神了，老爸你太神了。

妈：老头子，哎，我们母女今天要给你这个新农民敬酒了。

爸：老妈子啊，我有点不适应了，准确地说，是有点飘飘然了。

女：老爸，你是我们的骄傲。

爸（拿一大束荔枝献给妈）：哎，农民致富靠科技武装，关键时刻靠老妈子把关。

女：妈，我们祝你生日快乐！

妈：闺女啊，今天是你老妈这辈子最开心的生日了，要隆重庆祝！

众（捧着荔枝上）：对，要隆重庆祝！

一男：老万大哥，把庆祝丰收的儋州调声拉起来啊。

老万（指挥）：好啊，来吧！

众：来啊！

领唱：荔枝红了农民乐，（合）和谐社会好，和谐社会好，庆祝丰收呀，山歌呀唱起来呀，（合）6 6 5 3 2 3 5　3 5 6 5，勤劳的哥哥播洒汗水，（合）创造幸福的新生活呀，6 6 6 2 2 7 2，可爱的妹妹载歌载舞，（合）歌唱美好的新时代，1 2 2 1 6 5 6 5。

女：妈，你的脸红了。

妈：不是妈脸红了，是荔枝红了。

众：对，是荔枝红了。

谢幕——

补记：

　　银行小品的创作，最忌"明目张胆"地将银行的业务产品直白道出，让观众产生强加于人的反感，更忌将出演单位所在的银行名称也说出来，这不啻将观众的接受度困囿于只有本银行员工及极少数最忠诚的客户的小匣子里，反倒影响了营销宣传的效果。较好的方法是采取"嵌入式"，在引人入胜的剧情中不漏痕迹地嵌入银行的产品，潜移默化地引导受众的金融消费理念。越不露痕迹，艺术性越高，观众越能接受，接受的人群越广。这个小品在这方面做了一些努力，收到了一定的效果。2004 年在儋州市的国庆晚会演上获得好评，电视台现场播出。笔者本想让电视台拷盘复制，不曾想市面竟有人将本小品及当中其他 5 个小品歌剧制成盗版光碟出售，也从反面佐证了上述观点。

一点提示：如果银行路演这样的戏剧小品，可以事先提示观众，请观众在演出后说出小品嵌入多少种银行金融产品，给予一定的物质奖励，让观众参与互动，效果更佳。

20 年后再相会^①

第一幕

（音乐起《年轻的朋友来相会》）

（银行营业大厅，大堂经理桌子前）

张（很惊讶）：喂！这不是老同学林－菁－菁吗？幸会！幸会！在银行碰
到我们的校花（儋州民歌）不是天予是命得，出去逢着人祭坟。

林：真巧呀！

张：咱们有缘千里来相会啊。

林：油腔滑调！不理你啦！

张：你总不能剥夺别人浮想联翩的权利吧。你的白马王子呢？

林：人家已过省城生活了。

张：啊？过"性"生活也敢说，你什么时候这么开放了。

林（会心地笑）：他已经分配到省城工作了。

张：这么说，他山高皇帝远，就算他放高压电也电不到咱们这位白雪公
主了。有机会，有机会！

林：想得美，去你的吧！

---

① 这个理财小品应白沙黎族自治县举办全县群众文艺汇演邀请所作，通过戏剧小品的方
式，营销银行业务，小品中采用儋州特有的文化遗产"调声"的方式，富有地方特色，群众喜
闻乐见，被评为该汇演的获奖节目。

本小品作于 2006 年 2 月，由王怀耀（时任儋州市文化馆副馆长）、万宝珑（时任儋州市支
行个人金融部经理）、王辉俊执笔。

张：嘿嘿，狗眼看人低。你等着，等我赚到了 100 万，我就开着宝马车来娶你。告诉我，喜欢玫瑰红的宝马，还是宝石蓝的宝马？

林：做美梦吧你！你就是开着劳斯莱斯，也没人敢坐上你的花花公子车。

张：等着瞧！哎，今天你到银行来有何贵干？

林：我是来办基金定投业务的。

张：这是新业务吧，能赚钱吗？

林：能呀！银行的大堂经理给我介绍了基金定投的业务，让我每个月参加 500 元的基金定投，我觉得挺好的，跟零存整取一样，很适合像我这样的工薪族，如果每年 5% 的红利，20 年后我的户头就有 20 万元了。

张：我的妈呀，银行有没有搞错，为美女设计的业务套餐，20 年后才 20 万。等到我有 100 万，我都 123 岁了，我还怎么要你当新娘呀？说不定我早上（唱）黄土高坡了。

林：这你就不知道啦。基金定投是红利再投资，像这样的累进法，46 年后我就是百万富婆了。

张：等 46 年，我也 70 岁了才当新郎，那家伙还能用吗？我没这么笨。告诉你一个秘密，老爸给我 20 万创业基金，再过三五年，我就是百万富翁，你愿意当我的新娘不？

林：哼，看你这种好高骛远的样子，甭说 3 年、5 年，20 年后，你还是竹篮打水一场空！

张：那我们骑驴看戏本——走着瞧！

林：好！20 年后再相会，再见！（林下）

张：好！好！好！20 年，我看再过几年，你不当我的新娘才怪呢！她以为她光靠银行那累进法就富？她没想到我还有别的累进法比银行还

快得多。（对观众）你们想知道吗？（儋州调声）"不能告诉你"。好吧，走着瞧！（张下）

第二幕

（《二十年后再相会》音乐起）

林：今天是毕业 20 年同学聚会，来银行取钱，要让同学们玩得每一分钟都是浪漫的，每一个细胞都是张扬的。特别是张大伟这位花花公子……（转身看到张大伟）你们看，古人说：白天不念人，夜间不念鬼。说曹操，曹操到。张大伟，同学聚会你还不去报到。

张：今天同学聚会，不知道收不收费，先进银行取点零花费。

林：不用了，有人赞助了。怎么样？你那 100 万和什么玫瑰红、宝石蓝的宝马车呢？

张：别提了，全泡汤了。

林：那你爸给的 20 万元创业基金呢？

张：哎，有个老板借了我的 20 万元，说是每月利钱 1 万元。我以为运气好，碰到天上的飞马都给我下金条。可谁知道，开始还给了 2 个月，2 个月后，人和钱都在人间蒸发消失了。

林：这么说，20 万只剩下 2 万了。

张：我看钱这么好赚，那 2 万元都拿来请客吃饭，还去喝啤酒上慢摇吧，潇洒走一回，早就没了。哎，你说你 20 年后基金定投 20 万，成功了没有？

林：那还用说，比预期的还要好，现在现值已有 25 万元了。

张：当初我也像你一样，开个基金定投户多好呀！

林：亡羊补牢，现在开始办，还来得及呀。

张：好，我每月存 1000 元的基金定投，20 年后赶上你。

林：我说你的数学功底又不好了不是，告诉你吧，我有了 25 万元做基数，就算我每月仍存 500 元，而你每月 1000 元，你永远也别想赶上我，而且，距离会越拉越大！

张：那……那你不是打击我的积极性了吗？

林：错！如果你从现在开始，每月 1000 元作基金定投，仍按 5% 红利计算，20 年后，你就有 41 万多元，买不了宝马，仍可以买奥迪呀！

张（握林的手）：好！向老同学学习！哎，省城那个白马王子呢？

林：他呀，到京城去了。

张：他甩掉你啦？他要甩掉你，我就把你接过来。

林：去你的吧，花花公子。他呀每月专门转 1000 块钱给我，我也为他开了个基金定投户。

张；想不到他也是个"妻管严"。

林：他说呀，表面看是基金定投，实际上是爱情定投、幸福定投。好！我们参加同学聚会去。

张：你先去，我一会儿到。（旁白）这个林，哎！爱情这事真是折磨人，你要是心里有她，她偏偏心里有他人，真叫你神魂颠倒。

第三幕

（《20 年后再相会》音乐起）

张：林菁菁，你是林菁菁吗？

林：你是……

张：菁菁！我是你常说的花花公子张大伟呀！

林：哎呀！又 20 年了，你看我们都老了，差点不认得了。

张：我是人老心不老呀，而你是越老越有气质了，越来越"肉"（诱）人了！

林：去你的，花花公子！

张：你也到银行来领钱吗？

林：是呀，退休了，来银行领公积金，顺便也把 40 年的基金定投赎
　　回来。

张：该有 50 万元了吧？

林：我就说你数学脑瓜笨吧，告诉你吧，80 万！比原来预计的还多了 4
　　万元。哎，你的呢？

张：坚持下来了，20 年得了 50 万，还是你的点子好哇。要不，我退休后
　　的日子就难过了。

林：那你还要 100 万买宝马车娶我不？

张：（唱）"只要你愿意，就让我娶你！"（白）我算好了，再过 10 年，
　　我就有可能有 100 万元。你那位在京城的白马王子呢？

林：他呀，又到美国当董事长了，已经是 1000 万美元的身价了。不知道
　　你愿不愿意跟他决斗？

张：100 万元跟 1000 万美元决斗，你叫我拿鸡蛋碰石头呀？

林、张：哈哈哈……